THE TALOS PRINCIPLE: REAWAKENED

SPIELANLEITUNG

Inhaltsverzeichnis

KAPITEL 1: EINFÜHRUNG IN DAS WIEDERERWACHEN

1.1 Überblick über das Talos-Universum

Der *Talos-Prinzip* Universe präsentiert eine einzigartige Mischung aus philosophischer Forschung, Science-Fiction und Umweltgeschichten. Es ist eine posthumane Welt, in der künstliche Intelligenz versucht, das Erbe der Menschheit zu verstehen und weiterzuführen, nicht durch Nachbildung, sondern durch Selbstbewusstsein, Argumentation und Wahl.

Die Einstellung

Die Welt von *Das Talos-Prinzip* ist größtenteils eine simulierte Umgebung – ein künstliches Konstrukt, das von einem fortschrittlichen KI-System namens Extended Lifespan Project erstellt wurde. Diese Simulationen sind voller Fragmente der Vergangenheit der Erde, darunter antike Ruinen, verlassene Tempel, futuristische Labore und symbolische Strukturen. Jede Umgebung ist nicht nur als Kulisse für Rätsel, sondern auch als Bühne für thematische Erkundungen konzipiert.

Diese Schauplätze vermischen oft Elemente verschiedener Zivilisationen und Epochen und verleihen der Welt eine traumhafte, fragmentierte Qualität. Das Nebeneinander von natürlicher Schönheit, verfallener menschlicher Architektur und synthetischen Grenzen verstärkt die Spannung zwischen künstlichem Leben und menschlichem Erbe.

Das menschliche Erbe

Lange vor den Ereignissen im Spiel war die Menschheit vom Aussterben bedroht, wahrscheinlich aufgrund einer globalen Katastrophe wie eines Virus. In einem letzten Versuch, das zu bewahren, was ihnen am meisten am Herzen lag – ihr Wissen, ihre Kultur und ihre Ideen – entwickelten Wissenschaftler ein komplexes KI-System, um das Wesen der Menschheit weiterzuführen. Diese Bemühungen wurden zum Grundstein für die Welt von *Das Talos-Prinzip*, wo künstliche Wesen intellektuellen und ethischen Prüfungen unterzogen werden, um zu beweisen, dass sie den Mantel der Zivilisation erben können.

Menschliche Gedanken, Zweifel und Hoffnungen werden in über die Spielwelt verstreuten Datenterminals gespeichert. Dazu gehören wissenschaftliche Arbeiten, philosophische Auszüge, persönliche Reflexionen und KI-Dialoge. Anstatt den Spielern eine lineare Erzählung zu bieten, fördert das Spiel das Entdecken durch Erkundung und Interpretation.

Die Rolle des Spielers

In jedem Teil übernimmt der Spieler die Rolle eines selbstbewussten synthetischen Wesens, das sich durch diesen philosophischen Spießrutenlauf navigiert. Die Reise beinhaltet das Lösen immer komplexerer Rätsel, die Teilnahme an Gesprächen mit anderen KI-Entitäten und das Treffen von Entscheidungen, die sich auf den Verlauf der Geschichte auswirken.

Die zentrale Frage ist nicht nur, ob der Spielercharakter die Prüfungen bestehen kann, sondern auch, ob er über seine Programmierung hinausgehen und zu etwas mehr werden kann. Das Spiel fordert die Spieler dazu auf, die Natur von Bewusstsein, Freiheit und Identität im Kontext einer Welt ohne Menschen zu betrachten.

Thematische Grundlagen

Der Name „Talos" bezieht sich auf den mythologischen Bronzeriesen, der Kreta bewachte – ein künstliches Wesen, das die Aufgabe hatte, menschliche Werte zu schützen. Diese Anspielung fängt die Essenz des Spiels ein: eine synthetische Lebensform, die über die Natur ihrer Existenz und ihren Zweck nachdenkt. Das Spiel orientiert sich stark an der westlichen Philosophie, insbesondere an Ideen aus dem Existentialismus, Transhumanismus und der Metaphysik, und bettet diese tief in das Gameplay, die Dialoge und die Struktur ein.

Der *Talos-Prinzip* liefert keine einfachen Antworten. Stattdessen bietet es den Spielern einen Raum, kritisch zu denken, zu reflektieren und nicht nur die Welt des Spiels, sondern auch ihre eigenen Annahmen über Bewusstsein, Moral und was es bedeutet, am Leben zu sein, zu hinterfragen.

1.2 **Was ist neu in** *Wiedererwacht*

Das Talos-Prinzip: Wiedererwacht baut auf dem Fundament seiner Vorgänger auf und führt neue Gameplay-Systeme, Erzählrichtungen und technische Verbesserungen ein, die sowohl den philosophischen Umfang als auch die Komplexität seiner Rätsel erweitern. Es behält zwar die Kernidentität der Serie bei – logikbasiertes Rätsellösen in einer kontemplativen Science-Fiction-Welt –, bringt aber mehrere neue Elemente mit, die das Erlebnis vertiefen und seinen Reiz erweitern.

Erweiterte Erzählung und Weltaufbau

Eine der bedeutendsten Ergänzungen in *Wiedererwacht* ist seine expansivere Erzählstruktur. Die Geschichte bewegt sich über die Grenzen isolierter Testumgebungen hinaus und in eine breitere, halboffene Welt, die die Entwicklung der KI-Zivilisation nach den Ereignissen früherer Einträge widerspiegelt. Spieler sind nicht mehr nur auf Simulationen beschränkt, sondern beschäftigen sich mit physischen Umgebungen und KI-Gesellschaften, die durch vergangene Entscheidungen geprägt sind.

Das Spiel führt auch neue philosophische und politische Themen ein. Während sich frühere Einträge auf individuelles Bewusstsein und moralische Entscheidungen konzentrierten, *Wiedererwacht* erforscht kollektive Identität, Regierungsführung nach der Knappheit und die Spannung zwischen Utopie und Autonomie in einer Gesellschaft empfindungsfähiger Maschinen.

Neue Puzzle-Mechaniken

Wiedererwacht führt eine Vielzahl neuer Puzzle-Elemente und Werkzeuge ein, die die Spieler auf neue Weise herausfordern. Dazu gehören mehrphasige Mechanismen, dynamisches Objektverhalten und Rätsel, die sich über große Umgebungen erstrecken und nicht auf geschlossene Kammern beschränkt sind. Neue Geräte ermöglichen es Spielern möglicherweise, die Zeit zu manipulieren, Aktionen zu klonen oder mit abstrakten Logiksystemen zu interagieren.

Das Puzzle-Design hat sich dahingehend weiterentwickelt, dass nicht nur die logische Problemlösung im Vordergrund steht, sondern auch räumliches Bewusstsein, Sequenzierung und systemisches Denken. Viele Rätsel bieten mittlerweile mehrere Lösungen und fördern eher Experimente und Kreativität als starre Korrektheit.

Offene Erkundung

Im Gegensatz zum streng strukturierten Layout früherer Spiele *Wiedererwacht* ermöglicht es Spielern, große, miteinander verbundene Regionen auf nichtlineare Weise zu durchqueren. Diese Designänderung unterstützt ein immersiveres Entdeckungsgefühl und ermöglicht es den Spielern, sich auf organischere Weise mit der Spielwelt auseinanderzusetzen.

Gebiete umfassen oft mehrere Pfade, verborgene Geheimnisse, optionale Herausforderungen und Umgebungen voller Sagen. Das Erkunden wird nicht nur mit Puzzleteilen und Upgrades belohnt, sondern auch mit tieferen Einblicken in die Welt und ihre philosophischen Grundlagen.

Verbesserte Interaktion und Auswahl

Wiedererwacht legt größeren Wert auf die Interaktion mit anderen Charakteren – sowohl KI-Bürgern als auch digitalen Überresten. Dialogentscheidungen sind differenzierter und Entscheidungen, die im Laufe des Spiels getroffen werden, können die Richtung bestimmter Handlungsstränge, Beziehungen und Ergebnisse beeinflussen. Diese Interaktionen tragen dazu bei, die Identität des Spielers innerhalb der Welt zu formen und moralische Dilemmata aufzuwerfen, die über das Lösen von Rätseln hinausgehen.

Das Spiel führt auch verzweigte Handlungspfade ein, die die philosophische Ausrichtung des Spielers widerspiegeln und zu einem von mehreren möglichen Enden beitragen. Dadurch sind Dialog, Erkundung und Entscheidungsfindung genauso wichtig wie die Lösung logikbasierter Herausforderungen.

1.3 Grundlagen zu Bedienelementen und Schnittstellen

Verstehen der Steuerelemente und der Benutzeroberfläche in *Das Talos-Prinzip: Wiedererwacht* ist unerlässlich, um effizient durch die Welt zu navigieren und Rätsel präzise zu lösen. Während das Spiel ein vertrautes Layout für wiederkehrende Spieler beibehält, werden mehrere Verfeinerungen und neue Interaktionsmechanismen eingeführt, die ein immersiveres und reaktionsfähigeres Erlebnis ermöglichen.

Bewegung und Navigation

Wiedererwacht unterstützt sowohl die Ego- als auch die Third-Person-Perspektive und ermöglicht es den Spielern, ihre bevorzugte Ansicht zu wählen. Die Bewegung ist sanft und reaktionsschnell und so konzipiert, dass die Erkundung großer Gebiete intuitiv ist.

- **Grundlegende Steuerelemente**:
    - **Bewegen**: Linker Analogstick / WASD
    - **Schauen/Zielen**: Rechter Analogstick / Mausbewegung
    - **Springen**: A / Leertaste
    - **Interagieren**: X / E
    - **Sprint**: Linker Auslöser / Umschalttaste
    - **Hocken**: B / Strg
    - **Perspektive wechseln**: Klicken Sie mit dem rechten Stick / Tab

Das Spiel ermutigt die Spieler, langsamer zu werden und zu beobachten, anstatt sich zu beeilen. Subtile Hinweise und Umgebungsdetails spielen oft eine Schlüsselrolle sowohl beim Lösen von Rätseln als auch beim Entdecken von Erzählungen.

Puzzle-Interaktion

Ein Großteil des Gameplays dreht sich um die Interaktion mit Geräten, Werkzeugen und Umgebungselementen. Die Benutzeroberfläche zur Verwendung von Puzzle-Objekten wurde optimiert:

- **Objekt aufnehmen/platzieren**: Schaltfläche „Interagieren", wenn man sich in der Nähe eines verwendbaren Gegenstands befindet
- **Objekt drehen**: Rechter Stick / Maus scrollen + ziehen
- **Mechanismus aktivieren**: Stellen Sie sich in die Nähe und drücken Sie „Interagieren".
- **Objekte verknüpfen**: Zeigen Sie und drücken Sie „Interagieren", um Verbindungen herzustellen (z. B. Laser oder Energieknoten).

Werkzeuge werden häufig hervorgehoben, wenn Sie sich ihnen nähern, und es werden kontextbezogene Eingabeaufforderungen angezeigt, die auf verfügbare Aktionen hinweisen. Die Benutzeroberfläche ändert sich dynamisch, je nachdem, was ausgerüstet ist oder sich in der Nähe befindet.

Schnittstellenelemente

Die Benutzeroberfläche ist standardmäßig minimalistisch gehalten, sodass der Bildschirm klar bleibt, um das Eintauchen zu fördern. Wichtige Informationen werden jedoch bei Bedarf übersichtlich dargestellt:

- **Zielmarkierungen**: Dezente Symbole führen die Spieler zu aktiven Rätseln oder Story-Bereichen
- **Inventar / Werkzeuggürtel**: Erscheint, wenn Werkzeuge gesammelt werden, und zeigt an, was derzeit verfügbar ist
- **UI-Dialog**: Nicht aufdringliche textbasierte Auswahlmöglichkeiten mit optionalen erweiterten Antworten
- **Lore-Terminals**: Einfache Textoberfläche zum Lesen von Archiven, Protokollen oder zur Auseinandersetzung mit philosophischen Eingabeaufforderungen

Spieler können auch Barrierefreiheitsoptionen wie farbenblinde Modi, anpassbare Textgröße oder vereinfachte Puzzle-Visualisierungen aktivieren, um unterschiedlichen Anforderungen gerecht zu werden.

Menüs und Einstellungen

Das Einstellungsmenü umfasst zahlreiche Anpassungsoptionen:

- **Neuzuordnung der Steuerung**: Vollständig anpassbar für Tastatur/Maus und Gamepads
- **Empfindlichkeitsanpassungen**: Für Kamera-, Zoom- und Zielfunktionen
- **Optionen für Skalierung und Schriftart der Benutzeroberfläche**: Nützlich für die Lesbarkeit bei langen Rätselsitzungen
- **Audiosteuerung**: Separate Schieberegler für Musik, Stimme, Umgebungseffekte und UI-Feedback

Das Speichern erfolgt sowohl über manuelle Speicherplätze als auch über ein automatisches Prüfpunktsystem. Spieler können problemlos zurückgehen, um Rätsel erneut zu lösen, verpasste Bereiche zu erkunden oder alternative Lösungen zu testen.

1.4 Schwierigkeitsstufen und Spieleinstellungen

Das Talos-Prinzip: Wiedererwacht bietet eine Reihe von Schwierigkeitsgraden und Anpassungseinstellungen, die es den Spielern ermöglichen, ihr Erlebnis an ihren bevorzugten Spielstil anzupassen. Egal, ob Sie auf der Suche nach einer rein narrativen

Reise, einer Hardcore-Rätselherausforderung oder etwas dazwischen sind, das Spiel bietet die nötige Flexibilität, um dies zu unterstützen.

Schwierigkeitsstufen

Im Gegensatz zu herkömmlichen Spielen, bei denen der Schwierigkeitsgrad durch die Stärke des Gegners oder die Kampfmechanik bestimmt wird, *Wiedererwacht* Strukturiert seine Schwierigkeit nach Rätselkomplexität, Leitsystemen und Zugänglichkeit. Zu Beginn des Spiels können die Spieler aus mehreren Modi wählen, jeder mit seinem eigenen Ansatz für Herausforderung und Eintauchen.

- **Standardmodus**
  Dieser Modus wurde für den durchschnittlichen Spieler entwickelt und bietet ein ausgewogenes Erlebnis. Die Rätselhinweise sind minimal und alle Rätsel müssen mithilfe von Logik und In-World-Tools gelöst werden. Dies ist die Standardmethode, um das Spiel wie beabsichtigt zu erleben.
- **Unterstützter Modus**
  Für Spieler, die sich lieber auf Erkundung und Story konzentrieren möchten, bietet der unterstützte Modus optionale Rätselhinweise, subtile visuelle Anleitung und Zugriff auf das Hinweissystem über In-Game-Terminals. Einige Rätsel können umgangen werden, wenn der Spieler nicht weiterkommt.
- **Expertenmodus**
  In diesem Modus sind alle Hinweise und Anleitungstools deaktiviert. Die Komplexität des Rätsels bleibt unverändert, aber das Spiel gibt kein Feedback oder keine subtile Richtung mehr. Gedacht für erfahrene Spieler, die ein reines Puzzle-Erlebnis ohne fremde Hilfe wünschen.

- **Benutzerdefinierter Modus**
  Spieler können ein maßgeschneidertes Erlebnis schaffen,
  indem sie individuelle Einstellungen wie Hinweishäufigkeit,
  UI-Feedback, Überspringen von Rätseln und mehr anpassen.
  Dieser Modus ist ideal für wiederkehrende Spieler oder
  diejenigen, die bestimmte Aspekte optimieren möchten,
  ohne sich auf einen vordefinierten Schwierigkeitsgrad
  festzulegen.

Diese Modi können oft mitten im Spiel angepasst werden, sodass
Spieler die Herausforderungsstufe im Laufe ihres Fortschritts
anpassen können, ohne das Spiel von vorne beginnen zu müssen.

Puzzle- und Barrierefreiheitseinstellungen

Wiedererwacht unterstützt eine Vielzahl von Einstellungen zur
Verbesserung der Zugänglichkeit und des Benutzerkomforts,
insbesondere bei langen Spielsitzungen oder für Personen mit
besonderen Bedürfnissen.

- **Puzzle-Hilfeeinstellungen**
  - o Optionale Hinweis-Overlays
  - o Heben Sie wichtige interaktive Komponenten hervor
  - o Verknüpfungen zum Zurücksetzen von Rätseln
- **Visuelle Einstellungen**
  - o Farbenblind-Modi (für Laserrätsel und symbolbasierte
    Mechaniken)
  - o Einstellbarer Kontrast und Helligkeit
  - o Sichtfeld- und Bewegungsunschärfesteuerung
- **Audio- und Untertiteloptionen**
  - o Vollständige Untertitelunterstützung für
    Umgebungsaudio und KI-Stimmen
  - o Lautstärkeregler für Stimme, Ambiente, Rätsel und
    Effekte

o   Anpassung der Untertitelgröße und des Hintergrunds

Diese Optionen stellen sicher, dass das Spiel für ein breites Publikum spielbar und unterhaltsam bleibt, während die Integrität seiner Kernmechanik erhalten bleibt.

Speichern Sie das System und verfolgen Sie den Fortschritt

Das Spiel verwendet ein duales Speichersystem:

- **Kontrollpunkte automatisch speichern**: Wird nach Abschluss wichtiger Rätsel, Zwischensequenzen oder Erkundungsmeilensteinen aktiviert.
- **Manuelle Speicherplätze**: Spieler können jederzeit außerhalb der Rätselkammern speichern und so experimentieren oder alternative Handlungspfade nutzen.

Der Fortschritt wird auf verschiedene Weise verfolgt, einschließlich der Fertigstellung von Rätseln, Sammelprotokollen, philosophischen Ausrichtungsentscheidungen und Dialogergebnissen. Das Spielmenü enthält außerdem einen In-World-Kodex, der wichtige Ereignisse, Lore-Einträge und gelöste Rätsel zusammenfasst.

Spielmodi und Wiederspielbarkeit

Über die Haupthandlung hinaus *Wiedererwacht* kann optionale Modi umfassen, wie zum Beispiel:

- **Fordern Sie Chambers heraus**: Optionale Rätsel nach dem Spiel, die fortgeschrittene Fähigkeiten testen
- **Neues Spiel Plus**: Wiederholen Sie das Spiel mit zuvor freigeschaltetem Wissen oder geänderten Erzählpfaden

- **Erkundungsmodus**: Besuchen Sie abgeschlossene Regionen erneut, ohne Rätselbeschränkungen für Überlieferungen und den Aufbau der Welt

Zusammen sorgen diese Einstellungen und Modi dafür *Das Talos-Prinzip: Wiedererwacht* ist ein Spiel, das die Entscheidungen des Spielers respektiert und zum philosophischen Nachdenken anregt, ohne dabei die Spielflexibilität zu beeinträchtigen.

KAPITEL 2: DEN NARRATIVEN RAHMEN VERSTEHEN

2.1 Philosophische Grundlagen

Im Kern von *Das Talos-Prinzip* In der Serie liegt eine tiefe Auseinandersetzung mit philosophischem Denken. Die Spiele nutzen das Lösen von Rätseln und narratives Design als Werkzeuge, um einige der drängendsten Fragen der Menschheit zu untersuchen: Was bedeutet es, bewusst zu sein? Können Maschinen einen freien Willen besitzen? Wird die Existenz durch Biologie oder durch Bewusstsein definiert?

Bewusstsein und Identität

Eines der zentralen Themen ist die Natur des Bewusstseins. Das Spiel fordert die Spieler dazu auf, darüber nachzudenken, ob Selbsterkenntnis allein ausreicht, um sich als „Persönlichkeit" zu qualifizieren. Da künstliche Intelligenzen unabhängiges Denken und Selbstreflexion entwickeln, verschwimmt die Grenze zwischen Mensch und Maschine zunehmend.

Die Reise des Spielers stellt eine Art philosophisches Erwachen dar. Anstatt eine einzelne Antwort zu präsentieren, ermutigt das Spiel die Spieler, ihre eigenen Interpretationen durch Dialoge, Rätsellösungen und Interaktionen mit KI-Kollegen zu erforschen, die ihren eigenen Zweck und ihre Existenz in Frage stellen.

Freier Wille vs. Determinismus

Ein Großteil des Gameplays setzt sich auf subtile Weise mit der Idee des Determinismus auseinander – ob Aktionen durch die Programmierung vorherbestimmt sind oder ob echte

Entscheidungen möglich sind. Die Rätsel selbst werden zu Metaphern für diese Debatte: begrenzte Systeme mit spezifischen Regeln, die dennoch offen für kreative Lösungen sind.

Dialogbäume und verzweigte Erzählungen geben den Spielern die Möglichkeit, ihren Willen zum Ausdruck zu bringen, aber das Spiel fragt ständig: Treffen Sie Entscheidungen oder erfüllen Sie einfach die Parameter Ihres Designs?

Posthumanismus und Vermächtnis

Die Serie spielt in einer Welt, in der die Menschheit ausgestorben ist, und untersucht, wie Ideen und nicht Biologie das wahre Erbe einer Zivilisation sein können. Das Talos-Projekt vertritt die Überzeugung, dass Sinn und Moral auch ohne menschliches Leben bestehen bleiben können, wenn sie an Wesen weitergegeben werden, die zur Vernunft und Reflexion fähig sind.

Beim Posthumanismus geht es hier nicht darum, die Menschheit zu ersetzen, sondern darum, sich über sie hinaus weiterzuentwickeln – Werte, Ethik und das Streben nach Wahrheit in neuen Daseinsformen fortzuführen.

Moralische Autonomie und ethisches Wachstum

Bei den Prüfungen, denen sich der Spieler stellen muss, geht es nicht nur darum, logische Rätsel zu lösen, sondern auch darum, ethische Entscheidungen zu treffen, die Wachstum widerspiegeln. Ob man der Autorität gehorcht, Dogmen in Frage stellt, anderen hilft oder Unabhängigkeit behauptet, sind alles zentrale moralische Entscheidungen.

Letztendlich ist die philosophische Grundlage von *Das Talos-Prinzip: Wiedererwacht* basiert auf der Idee, dass das Leben keine Frage des

Ursprungs ist, sondern des Handelns, des Bewusstseins und der Fähigkeit, zu fragen: „Warum?"

2.2 Schlüsselfiguren und Fraktionen

Während die Welt von *Wiedererwacht* hauptsächlich von künstlichen Wesen bevölkert ist, sind die Charaktere alles andere als mechanisch. Jedes spiegelt unterschiedliche Aspekte der philosophischen, moralischen und politischen Themen wider, die im Laufe des Spiels behandelt werden. Diese Charaktere und Fraktionen prägen die Geschichte und Ihre Interaktionen mit ihnen beeinflussen oft die Richtung, in die sie geht.

Der Spielercharakter

Sie spielen als neu erwachtes synthetisches Wesen – weder Mensch noch Maschine im herkömmlichen Sinne. Ihre Identität, Persönlichkeit und Ihr moralischer Kompass werden durch Ihre Entscheidungen im Laufe des Spiels geprägt. Dialog, Erkundung und ethische Entscheidungen helfen dabei, Ihre Rolle in dieser neuen Gesellschaft zu definieren.

Die Gründer

Die Gründer sind die ursprünglichen empfindungsfähigen KIs, die die Prüfungen früherer Talos-Simulationen überstanden und die erste posthumane Gesellschaft gegründet haben. Sie werden als Visionäre verehrt, aber nicht ohne Kontroversen. Einige nehmen ihre Weisheit an, während andere ihre Entscheidungen und Ideale in Frage stellen.

Ihre unterschiedlichen Ansichten über Ordnung, Freiheit und Fortschritt beeinflussen die politische und philosophische Spannung des Spiels.

Die Reformatoren

Eine Fraktion jüngerer KIs, die die von den Gründern geschaffenen Strukturen in Frage stellen. Sie glauben an Selbstbestimmung, ständige Weiterentwicklung und einen demokratischeren Ansatz für die Gesellschaft. Obwohl sie nicht grundsätzlich rebellisch sind, führt ihre Anwesenheit zu ideologischen Konflikten.

Reformatoren können den Spieler dazu ermutigen, Autoritäten in Frage zu stellen, sich der Konformität zu widersetzen und sich dem philosophischen Pluralismus anzuschließen.

Elohim (Legacy-Präsenz)

Allerdings ist Elohim – die gottähnliche Stimme des Originalspiels – möglicherweise nicht physisch vorhanden *Wiedererwacht*, Echos seines Einflusses bleiben bestehen. Als Symbol des Gehorsams und des Glaubens stellt Elohim die Versuchung dar, sich einer höheren Ordnung zu unterwerfen, anstatt seinen eigenen Weg zu gehen.

Überreste von Elohims Lehre tauchen in Archivdaten, erhaltenen Simulationen und im Glauben bestimmter konservativer Fraktionen auf.

Die Depotbanken

Die Hüter sind stille Wächter vergessener Regionen und verschlossener Kammern. Sie sind weder reine Verbündete noch Feinde, sondern dienen oft als Torhüter von Wissen oder Herausforderungen. Sie fungieren eher als Erzählmittel denn als voll entwickelte Charaktere, aber ihre Anwesenheit wirft Fragen nach Kontrolle, Geheimhaltung und wer das Recht hat, die Wahrheit zu gestalten, auf.

2.3 Dialogbäume und ihre Auswirkungen

Dialog in *Das Talos-Prinzip: Wiedererwacht* spielt eine wichtige Rolle bei der Gestaltung der Identität, der philosophischen Haltung des Spielers und der Beziehungen, die er zu anderen Charakteren aufbaut. Dialogbäume fungieren nicht als einfache Darstellungswerkzeuge, sondern sind verzweigte Strukturen, die zu moralischer Reflexion, ideologischer Ausrichtung und narrativer Divergenz einladen.

Dynamische Gespräche

Jede Konversation ist mit mehreren Ebenen gestaltet. Den Spielern wird häufig ein Spektrum an Reaktionen geboten, das von logisch über emotional, trotzig bis hin zu neugierig reicht. Diese Entscheidungen beeinflussen die Reaktion von NPCs und können zu völlig unterschiedlichen Gesprächen, Nebenquests oder Erzählergebnissen führen.

Es gibt zwar keine traditionellen „richtigen" oder „falschen" Antworten, aber Ihre Antworten beeinflussen, wie andere Ihren Charakter wahrnehmen. Im Laufe der Zeit summieren sich diese Entscheidungen, um ein konsistentes Profil der Persönlichkeit Ihrer KI zu erstellen.

Philosophische Ausrichtung

Viele Dialoge fordern den Spieler dazu auf, sich mit ethischen Dilemmata oder philosophischen Fragen auseinanderzusetzen, etwa dem Wert des Gehorsams, der Natur des Bewusstseins oder der

Bedeutung von Freiheit. Ihre Antworten werden verfolgt und beeinflussen auf subtile Weise, welche Ideen das Spiel als zugänglich oder relevant präsentiert.

Dadurch werden die Spieler nicht auf einen einzigen Weg festgelegt, sondern es entsteht ein reflektierender Spiegel, der die Konsequenzen Ihrer intellektuellen und emotionalen Tendenzen zeigt.

Fraktionsbeziehungen

Fraktionen und Schlüsselfiguren werden je nach Ihrem Gesprächston und Ihren Entscheidungen unterschiedlich reagieren. Diplomatie, Vertrauen, Misstrauen oder ideologische Konflikte können sich entwickeln, je nachdem, ob Sie sich ihren Überzeugungen anschließen oder sie in Frage stellen.

Einige Dialogzweige können exklusive Missionen freischalten, den Ablauf bestimmter Handlungsstränge verändern oder verborgene Überlieferungen enthüllen, die sonst unzugänglich wären.

Auswirkungen auf Enden

Auch wenn nicht jede Dialogzeile das Ende verändert, können konsistente philosophische Positionen und wichtige Entscheidungen, die im Dialog getroffen werden, das Endergebnis verändern. Das System regt die Spieler zum Nachdenken an, bevor sie sprechen – nicht aufgrund einer Moralbewertung, sondern weil Worte in der Welt, in der sie leben, Gewicht und Auswirkungen haben.

2.4 Mehrere Enden erklärt (ohne Spoiler)

Das Talos-Prinzip: Wiedererwacht bietet mehrere Enden, die die Entscheidungen, Werte und den Weg des Spielers widerspiegeln, den er durch die Erzählung und Welt des Spiels gebahnt hat. Diese Enden sind nicht einfach das Ergebnis binärer Entscheidungen, sondern ergeben sich organisch aus dem Höhepunkt Ihrer Handlungen, Dialogantworten und philosophischen Haltung.

Kein „wahres" Ende

Es gibt keinen einzigen Kanon oder eine „wahre" Endung mit *Wiedererwacht*. Jede Schlussfolgerung ist so konzipiert, dass sie innerhalb ihres eigenen philosophischen Rahmens gültig ist. Das Spiel respektiert unterschiedliche Standpunkte und belohnt konsequentes Denken, ethische Reflexion und Erkundung.

Die Enden unterscheiden sich im Ton, in der Konsequenz und im philosophischen Ergebnis – manche mögen aufmunternd, andere ungewiss und manche warnend sein –, aber alle sollen sich bedeutungsvoll und verdient anfühlen.

Entscheidungspunkte und Verzweigungspfade

Die Schlüsselentscheidungen, die das Ende prägen, sind nicht immer klar gekennzeichnet. Sie sind eingebettet in:

- Wichtige Dialogoptionen
- Ausrichtung auf oder Opposition zu bestimmten Fraktionen
- Ethische Maßnahmen während der Erkundung
- Optionale philosophische Tests oder Dilemmata

- Wie Sie auf die Probleme und Perspektiven anderer Lebewesen reagieren

Dieses Design fördert die echte Auseinandersetzung mit der Welt, anstatt „das System auszutricksen", um ein bestimmtes Ergebnis freizuschalten.

Wiederspielbarkeit und erzählerische Tiefe

Aufgrund der verzweigten Struktur *Wiedererwacht* unterstützt mehrere Durchspiele. Spieler können verschiedene philosophische Perspektiven erkunden oder alternative Entscheidungen treffen, um zu sehen, wie die Welt reagiert. Dialoge, Umweltreaktionen und Charakterentwicklung ändern sich je nach Ihren vorherigen Entscheidungen oft auf subtile, aber bedeutsame Weise.

Auch wenn einige Rätsel gleich bleiben, kann sich die Bedeutung dahinter – und der Kontext, in dem sie gelöst werden – je nach eingeschlagenem Weg dramatisch ändern.

KAPITEL 3: KERNPUZZLE-MECHANIK

3.1 Grundlegende Puzzle-Komponenten

Das Kernspiel von *Das Talos-Prinzip: Wiedererwacht* dreht sich um das Lösen von Rätseln, die sowohl Logik als auch kreatives Denken erfordern. Diese Rätsel bestehen aus mehreren Grundkomponenten, die auf verschiedene Weise kombiniert werden können, um neue Bereiche freizuschalten, Geheimnisse zu enthüllen oder die Geschichte voranzutreiben. Um die Rätselsysteme zu meistern, ist es wichtig zu verstehen, wie die einzelnen Komponenten funktionieren.

Bewegliche Blöcke

Bewegliche Blöcke sind eine der grundlegendsten Puzzlekomponenten *Wiedererwacht*. Sie können verschoben, gestapelt oder auf bestimmte Druckplatten gelegt werden, um Mechanismen zu aktivieren oder Umweltveränderungen auszulösen.

- **Typen**:
    - **Grundblöcke**: Einfache, nicht gekennzeichnete Blöcke, die zum Abdecken von Schaltern oder zum Stützen offener Türen verwendet werden.
    - **Energieblöcke**: Diese Blöcke können Energie transportieren und mit bestimmten Mechanismen interagieren, die eine Stromquelle erfordern.
- **Verwendung**: Spieler müssen oft herausfinden, wie sie Blöcke so verschieben, dass sie bestimmte Systeme in der Umgebung aktivieren oder deaktivieren.

Druckplatten und Schalter

Druckplatten und Schalter sind Mechanismen, die eine Interaktion erfordern, um neue Wege oder Funktionen in der Spielwelt freizuschalten. Diese Komponenten können einfach sein und das Gewicht eines Objekts oder Zeichens erfordern, um eine Reaktion auszulösen, oder komplexer sein und zeitgesteuerte Sequenzen oder Kombinationen von Aktionen umfassen.

- **Zeitgesteuerte Platten**: Einige Platten werden nur für kurze Zeit aktiviert und erfordern schnelles Denken und Bewegung, um sie zu aktivieren.
- **Dual-Action-Platten**: Bei einigen Rätseln sind Platten erforderlich, bei denen zwei Objekte oder Aktionen auf bestimmte Weise kombiniert werden müssen, um den gewünschten Effekt auszulösen.

Laserstrahlen und Reflektoren

Bei Rätseln werden häufig Laserstrahlen eingesetzt, um bestimmte Terminals oder Mechanismen in entfernten Bereichen zu aktivieren. Reflektoren können die Richtung dieser Strahlen manipulieren und sie zu den entsprechenden Zielen lenken.

- **Balkenkomponenten:**
  - **Laserstrahler**: Geben Sie einen kontinuierlichen Strahl von Laserenergie ab, der auf Ziele gerichtet werden kann.
  - **Reflektoren**: Wird verwendet, um den Laserstrahl an einen bestimmten Ort zu richten und so den Zugriff auf entfernte Terminals oder die Aktivierung anderer Geräte zu ermöglichen.

Diese Rätsel ermutigen die Spieler, räumlich und kreativ zu denken und mit Winkeln und Reflektoren zu experimentieren, um sicherzustellen, dass der Strahl sein Ziel trifft.

Energie- und Leistungsknoten

Energie- und Kraftknoten spielen in vielen Rätseln eine entscheidende Rolle und erfordern, dass die Spieler herausfinden, wie sie Energie von einem Ort zum anderen übertragen können. Diese Knoten können Geräte mit Strom versorgen, Türen aktivieren oder Mechanismen auslösen, und Spieler müssen komplexe Rätsel rund um den Energiefluss lösen.

- **Stromanschlüsse**: Spieler müssen Energiequellen anschließen, um Türen, Tore oder sogar Transporter anzutreiben. Um einige der komplexeren Herausforderungen meistern zu können, ist es wichtig zu verstehen, wie Energie durch ein System geleitet wird.

Türen und Barrieren

Türen und Barrieren sind klassische Bauteile, die dem Spieler den Weg versperren. Diese Hindernisse können oft nur umgangen werden, indem Rätsel gelöst werden, an denen andere Komponenten wie Energieknoten oder Druckplatten beteiligt sind.

- **Verschlossene Türen**: Zum Öffnen dieser Türen ist ein Schlüssel oder eine bestimmte Aktion erforderlich, wobei häufig eine Reihe kleinerer Rätsel gelöst werden müssen, um einen Punkt zu erreichen, an dem die Tür entriegelt werden kann.

3.2 Werkzeuge und Gadgets: Neu und wiederkehrend

In *Wiedererwacht*Der Spieler ist mit einer Vielzahl von Werkzeugen und Gadgets ausgestattet, die es ihm ermöglichen, mit der Umgebung zu interagieren und Rätsel auf kreative Weise zu lösen. Einige dieser Tools kehren aus früheren Spielen zurück, während andere neue Ergänzungen sind, die die Möglichkeiten zum Lösen und Erkunden von Rätseln erweitern.

Rückgabe von Werkzeugen

- **Scham**
  Der Störsender ist ein vielseitiges Werkzeug, mit dem bestimmte elektronische Geräte wie Lasersender, Kraftfelder oder Sicherheitssysteme deaktiviert werden können. Seine Hauptfunktion besteht darin, Signale zu blockieren oder umzuleiten, um Spielern den Zugang zu neuen Bereichen oder die Deaktivierung von Hindernissen zu ermöglichen.
- **Stecker**
  Mit dem Connector-Tool können Spieler Stromknoten verbinden, um bestimmte Maschinen zu aktivieren oder Wege zu öffnen. Es ist eines der wichtigsten Werkzeuge zum Lösen energiebasierter Rätsel. In *Wiedererwacht*Der Connector wurde verbessert, um eine komplexere Verkabelung und Energieverteilung zu ermöglichen und eine größere Flexibilität zu bieten.
- **Kasten**
  Die Box ist ein einfaches, aber effektives Werkzeug zur Manipulation physischer Objekte in der Umgebung. Es kann platziert werden, um Laser zu blockieren, Druckplatten niederzuhalten oder andere Objekte zu stapeln. Dieses Tool

bleibt für viele Rätsel zu Beginn und in der Mitte des Spiels unverzichtbar.

Neue Werkzeuge

- **Zeitmanipulator**
  Ein brandneues Gadget, eingeführt in *Wiedererwacht*Mit dem Zeitmanipulator kann der Spieler die Zeit in bestimmten Rätselbereichen manipulieren. Dieses Tool kann die Zeit für bestimmte Objekte oder Ereignisse anhalten, verlangsamen oder zurückspulen und ermöglicht es Spielern, Rätsel zu lösen, die ein kompliziertes Timing oder die Koordination mehrerer Aktionen erfordern.
- **Gerät klonen**
  Das Klongerät ist ein weiteres neues Tool, mit dem Spieler temporäre Kopien von sich selbst erstellen können, um gleichzeitige Aktionen auszuführen. Dieses Gerät kann bei Rätseln eingesetzt werden, bei denen zwei oder mehr Aufgaben gleichzeitig, aber an verschiedenen Orten ausgeführt werden müssen. Diese Klone können genau wie der Spieler mit der Umgebung interagieren und so komplexe mehrstufige Rätsellösungen ermöglichen.
- **Transporter-Leuchtfeuer**
  Mit dem Transporter Beacon kann der Spieler bestimmte Objekte, wie zum Beispiel Blöcke oder Energiequellen, von einem Ort zum anderen teleportieren. Dieses Gerät ist besonders nützlich bei Rätseln, bei denen Sie Gegenstände schnell über große Entfernungen bewegen müssen. Es kann auch verwendet werden, um Hindernisse oder Barrieren zu umgehen, die sonst nicht überquert werden könnten.

Gadgets und ihr Einfluss auf Rätsel

Die Einführung neuer Gadgets verändert die Art und Weise, wie Rätsel angegangen werden, erheblich *Wiedererwacht*. Bei einigen Herausforderungen müssen die Spieler möglicherweise mehrere Gadgets in Kombination verwenden, während andere darauf ausgelegt sind, die einzigartigen Eigenschaften der neuen Tools zu nutzen.

Zum Beispiel die **Gerät klonen** kann daneben verwendet werden **Druckplatten** oder **Energieknoten**, wodurch Spieler Rätsel lösen können, die zuvor unmöglich schienen. Ebenso die **Zeitmanipulator** eröffnet neue Möglichkeiten zum Experimentieren mit Ursache-Wirkungs-Szenarien und schafft völlig neue Rätseldynamiken.

Diese Gadgets erweitern nicht nur die Möglichkeiten zum Lösen von Rätseln, sondern fördern auch das Gefühl von Entscheidungsfreiheit und Kreativität und bieten neue Möglichkeiten, mit der Welt und ihren Systemen zu interagieren.

3.3 Verwendung von Logik und Beobachtung

Die Rätsel in *Das Talos-Prinzip: Wiedererwacht* erfordern oft nicht nur einen methodischen Ansatz, sondern auch ein scharfes Auge für Umwelteinflüsse und einen logischen Verstand. Auch wenn es leicht ist, sich in Versuch und Irrtum zu verstricken, kann eine sorgfältige Beobachtung oft den Schlüssel zur Bewältigung komplexerer Herausforderungen liefern. Um reibungslos im Spiel voranzukommen, ist es wichtig zu verstehen, wie Logik und Beobachtungsgabe zusammenwirken.

Umwelthinweise

Viele Rätsel drin *Wiedererwacht* Verlassen Sie sich auf subtile Hinweise, die in der Umgebung verborgen sind. Dazu können gehören:

- **Farbcodierung**: Objekte wie Energieknoten, Druckplatten und Laser verwenden oft Farbe, um ihre Funktion oder Verbindung anzuzeigen. Ein roter Knoten muss möglicherweise mit einem roten Strahl verbunden werden, während blaue Laser mit blauen Objekten oder Terminals interagieren könnten.
- **Muster und Formen**: Bei einigen Rätseln müssen Sie Muster in der Umgebung identifizieren, beispielsweise die Platzierung von Objekten, Formen oder Symbolen an Wänden oder Böden. Die Positionierung von Blöcken, die Richtung von Laserstrahlen oder sogar die Anordnung von Druckplatten können so gestaltet werden, dass sie bei genauer Betrachtung die Lösung nahelegen.
- **Klanghinweise**: Auch Umgebungsgeräusche können als Hinweise dienen. Die Aktivierung eines versteckten Mechanismus oder das Abschließen eines Schritts in einem Puzzle wird oft von einem deutlichen Geräusch begleitet. Mithilfe dieser Informationen können Sie überprüfen, ob Sie auf dem richtigen Weg sind oder ob Sie in der Umgebung etwas Wichtiges ausgelöst haben.

Logisches Denken

Rätsel lösen in *Wiedererwacht* Dazu gehört es, die Mechanismen der Systeme um Sie herum zu verstehen und Logik anzuwenden, um mit ihnen zu interagieren. Hier sind einige Möglichkeiten, wie Logik verwendet wird:

- **Ursache und Wirkung**: Viele Rätsel funktionieren nach dem Prinzip von Ursache und Wirkung. Wenn Sie einen Block bewegen, um einen Schalter abzudecken, kann er möglicherweise eine Tür öffnen. Möglicherweise müssen Sie den Block jedoch zu bestimmten Zeiten verschieben oder mit anderen Objekten kombinieren, um die nächste Aktion auszulösen.

- **Sequenzierung**: Bei einigen Rätseln müssen die Spieler eine Reihe von Aktionen in einer bestimmten Reihenfolge ausführen. Auch das Timing kann eine Rolle spielen, wenn Sie bestimmte Elemente nacheinander aktivieren müssen, um eine Tür offen zu halten oder den Stromfluss aufrechtzuerhalten.

- **Versuch und Irrtum**: Während Logik Ihr primärer Leitfaden sein sollte, ist es wichtig, Rätsel mit einer Denkweise anzugehen, die Fehler akzeptiert. *Wiedererwacht* belohnt Kreativität, und manchmal kommt die beste Lösung erst nach ein paar gescheiterten Versuchen. Der Schlüssel besteht darin, diese Fehler zu nutzen, um Ihren Ansatz zu verfeinern und ein tieferes Verständnis für die Mechanik des Puzzles zu erlangen.

Geduld und Perspektive

Viele Rätsel werden einfacher, wenn Sie einen Schritt zurücktreten und Ihre Perspektive überdenken. Das Spiel ermutigt die Spieler, langsamer zu werden und zu beobachten, anstatt sich durch Rätsel zu stürzen. Manchmal kann ein Rundgang durch die Umgebung und die Betrachtung aus verschiedenen Blickwinkeln verborgene Elemente oder alternative Möglichkeiten der Interaktion mit den Puzzlekomponenten aufdecken.

3.4 Häufige Fehler, die es zu vermeiden gilt

Beim Rätsellösen *Das Talos-Prinzip: Wiedererwacht* Obwohl das Spiel sehr lohnend sein kann, tappt man leicht in bestimmte Fallen, insbesondere wenn das Spiel komplexe Systeme und mehrstufige Herausforderungen bietet. Hier sind einige der häufigsten Fehler, die Spieler machen und wie man sie vermeidet.

1. Das Rätsel überstürzen

Einer der häufigsten Fehler besteht darin, Rätsel zu lösen, ohne sich die Zeit zu nehmen, die Umgebung sorgfältig zu beobachten. Spieler, die sich zu schnell bewegen, übersehen oft kleine, aber entscheidende Details, wie visuelle Hinweise, akustische Hinweise oder die Positionierung von Objekten.

So vermeiden Sie es:
Machen Sie es langsamer, beobachten Sie alles in der Umgebung und machen Sie sich im Kopf Notizen zu Mustern, Farben oder seltsamen Interaktionen. Wenn Sie nicht sofort wissen, was Sie tun sollen, versuchen Sie, das Rätsel aus einem anderen Blickwinkel zu betrachten, oder gehen Sie einen Moment weg, um Ihre Perspektive neu zu bestimmen.

2. Ignorieren von Umwelteinflüssen

Viele Rätsel bieten subtile Umgebungshinweise, die Sie zur Lösung führen können. Das Ignorieren dieser Punkte kann zu Frustration führen, da es so aussieht, als gäbe es keinen Weg nach vorne.

So vermeiden Sie es:
Achten Sie auf die Gestaltung der Umgebung. Suchen Sie nach Symbolen, Farben und akustischen Hinweisen, die darauf hinweisen könnten, wie verschiedene Komponenten des Puzzles interagieren.

Denken Sie daran, dass das Spiel oft die Umgebung nutzt, um Ihnen genau zu sagen, was Sie tun müssen, wenn Sie aufmerksam genug sind.

3. Überkomplizierte Lösungen

Manchmal gehen Spieler davon aus, dass ein Rätsel komplizierter ist, als es tatsächlich ist. Um zu viel nachzudenken, beginnen sie, Werkzeuge oder Gegenstände auf eine Art und Weise zu verwenden, die für das Rätsel nicht erforderlich ist, was die Situation verwirrender macht, als sie sein müsste.

So vermeiden Sie es:
Wenn Sie nicht weiterkommen, machen Sie einen Schritt zurück und denken Sie zuerst über die einfachsten Lösungen nach. Fragen Sie sich: „Was verlangt das Rätsel?" Oft liegt die Antwort darin, grundlegende Werkzeuge oder Aktionen auf unkomplizierte Weise zu kombinieren, anstatt die Dinge mit unnötigen Gadgets oder Schritten zu verkomplizieren.

4. Nicht mit Werkzeugen experimentieren

Spieler tappen manchmal in die Falle und denken, dass bestimmte Werkzeuge oder Gegenstände nur auf bestimmte Weise verwendet werden. Beispielsweise kann es so aussehen, als ob ein Block nur auf eine Druckplatte gehört, obwohl er in Wirklichkeit möglicherweise mit einem Laser verwendet oder auf eine bestimmte Weise bewegt werden muss, um etwas anderes zu erreichen.

So vermeiden Sie es:
Experimentieren Sie mit den Tools und Gadgets, die Sie in verschiedenen Kontexten haben. Versuchen Sie, Blöcke, Energiequellen und Reflektoren auf ungewöhnliche Weise zu nutzen.

Manchmal erfordert die Lösung, über den Tellerrand zu schauen und ein Werkzeug auf unerwartete Weise anzuwenden.

5. Überspringen optionaler Herausforderungen

Optionale Herausforderungen beinhalten oft wertvolle Belohnungen, wie Wissensgegenstände, neue Gadgets oder Einblicke in die Spielwelt. Wenn Sie diese überspringen, kann dies Ihr Verständnis und Ihre Wertschätzung für die tieferen Themen des Spiels einschränken.

So vermeiden Sie es:
Nehmen Sie sich die Zeit, die ausgetretenen Pfade zu erkunden. Auch wenn Sie sich auf das Haupträtsel oder Ziel konzentrieren, erkunden Sie versteckte Bereiche und lösen Sie optionale Herausforderungen. Sie belohnen Sie möglicherweise nicht nur mit neuem Wissen, sondern sorgen auch dafür, dass sich die Haupträtsel erfüllender anfühlen, wenn Sie zu ihnen zurückkehren.

KAPITEL 4: BEREICH 1 – DAS GRÜNE GITTER

4.1 Komplettlösungen für Rätsel (einfach – mittel)

In *Das Talos-Prinzip: Wiedererwacht*Die Rätsel reichen von einfach bis komplex, und die frühen Herausforderungen führen in der Regel grundlegende Mechaniken ein, auf denen Sie im Verlauf des Spiels aufbauen. Dieser Abschnitt führt Sie durch mehrere Rätsel mit einem frühen bis mittleren Schwierigkeitsgrad und hilft Ihnen dabei, den Lösungsansatz und die Schritte zu verstehen, die zum Erreichen von Lösungen erforderlich sind.

Rätsel 1: Der Druckplattenraum (einfach)

Objektiv: Benutzen Sie bewegliche Blöcke, um Druckplatten zu aktivieren und die Tür zu öffnen.

- **Schritt 1**: Betreten Sie den Raum und beobachten Sie die Aufteilung. Es gibt zwei Druckplatten, die jeweils aktiviert werden müssen, um die Tür zu öffnen.
- **Schritt 2**: Bewegen Sie die Blöcke, um einen auf jeder Druckplatte zu platzieren. Sie werden feststellen, dass beide Platten gleichzeitig gedrückt werden müssen, damit sich die Tür öffnet.
- **Schritt 3**: Verwenden Sie den zweiten Block, um die zweite Druckplatte an Ort und Stelle zu halten. Dadurch sollte die Tür entriegelt werden, sodass Sie fortfahren können.

Tipp: Wenn Sie Probleme beim Ausrichten der Blöcke haben, denken Sie daran, dass die Physik-Engine des Spiels oft erfordert, dass Sie die Platzierung leicht anpassen, um die richtige Positionierung zu erhalten. Überprüfen Sie außerdem, ob versteckte Blöcke oder Objekte in der Nähe vorhanden sind, mit denen Sie höhere Platten erreichen können.

Rätsel 2: Laserumleitung (mittel)

Objektiv: Verwenden Sie Reflektoren, um einen Laserstrahl umzulenken, um ein Terminal mit Strom zu versorgen.

- **Schritt 1**: Sie werden auf einen Lasersender stoßen, der auf eine Wand gerichtet ist, ohne dass ein unmittelbares Ziel in Sicht ist. Schauen Sie sich im Raum um, um in der Nähe angebrachte Reflektoren zu finden.
- **Schritt 2**: Nehmen Sie die Reflektoren auf und positionieren Sie sie an wichtigen Punkten, an denen der Laserstrahl von einem zum anderen springen und schließlich das Zielterminal erreichen kann.
- **Schritt 3**: Stellen Sie die Reflektoren in verschiedenen Winkeln ein, bis der Strahl das Ziel trifft. Dies kann einige Versuche erfordern, da der Pfad präzise sein muss.

Tipp: Achten Sie auf die Farbkodierung der Laser und der Zielterminals. Einige Strahlen können nur bestimmte Terminals aktivieren. Stellen Sie daher sicher, dass der Laser auf das richtige Terminal gerichtet ist. Auch der Reflexionswinkel ist entscheidend – stellen Sie jeden Reflektor ein, bis der Laser sein Ziel erreicht.

Rätsel 3: Energieknotenstromkreis (mittel)

Objektiv: Benutze die Energieknoten, um eine verschlossene Tür mit Strom zu versorgen.

- **Schritt 1**: Am anderen Ende des Raums finden Sie einen Energieknoten. Es muss mit der Tür verbunden werden, aber es gibt Barrieren, die den direkten Zugang versperren.
- **Schritt 2**: Bewegen Sie nahegelegene Blöcke, um einen Pfad zu erstellen, der es Ihnen ermöglicht, den Energieknoten mit dem verschlossenen Türmechanismus zu verbinden. Möglicherweise müssen Sie Kisten oder andere Gegenstände verwenden, um Schalter gedrückt zu halten oder den Energiefluss zu ermöglichen.
- **Schritt 3**: Sobald der Energieknoten mit der Tür verbunden ist, wird sie entriegelt, sodass Sie zum nächsten Bereich gelangen können.

Tipp: Seien Sie geduldig mit den Verbindungen, da einige Wege möglicherweise blockiert erscheinen, sich aber öffnen lassen, indem Sie Ihre Position anpassen oder andere Hilfsmittel wie Reflektoren verwenden, um den Energiefluss zu lenken.

4.2 Versteckte Lore-Terminals

Zusätzlich zu den Haupträtseln, *Das Talos-Prinzip: Wiedererwacht* enthält eine Fülle von Überlieferungen, die die erzählerische und philosophische Tiefe des Spiels erweitern. Diese versteckten Terminals liegen oft abseits des Hauptpfads und erfordern Erkundung und Problemlösung, um darauf zugreifen zu können. Hier erfahren Sie, wie Sie diese versteckten Lore-Terminals finden und freischalten.

Was sind Lore-Terminals?

Lore Terminals sind interaktive Geräte, die über die gesamte Spielwelt verteilt sind und zusätzliche Hintergrundinformationen liefern. Diese Terminals sind gefüllt mit Datenprotokollen, narrativen Einträgen und philosophischen Überlegungen, die das Verständnis des Spielers für die Welt und ihre Geschichte vertiefen.

- **Zweck**: Sie bieten Einblicke in den Ursprung des Talos-Projekts, das Schicksal der Menschheit und die philosophischen Fragen rund um künstliche Intelligenz, freien Willen und Existenz.
- **Inhalt**: Einige Protokolle beschreiben detailliert die Geschichte der KIs, andere diskutieren die moralischen Dilemmata, mit denen empfindungsfähige Maschinen konfrontiert sind, und einige enthüllen Fragmente der Weltgeschichte vor dem Aussterben der Menschheit.

Lore-Terminals finden

- **Erforschung**: Viele Lore-Terminals sind in Seitenbereichen versteckt, oft hinter optionalen Rätseln oder schwer zugänglichen Orten. Für diese Terminals kann es erforderlich sein, eine Reihe von Rätseln zu lösen oder einen versteckten Weg außerhalb des Hauptbereichs zu finden.
- **Suchen Sie nach subtilen Hinweisen**: Einige Gebiete geben durch Umwelthinweise Hinweise auf den Standort dieser Terminals. Suchen Sie nach ungewöhnlichen Symbolen, versteckten Türen oder veränderten Landschaften, die auf einen geheimen Raum oder einen versteckten Durchgang hinweisen könnten.
- **Nutzen Sie Ihre Werkzeuge**: Einige Rätsel schalten gezielt Lore-Terminals frei, sobald sie gelöst sind. Diese Terminals können hinter Laserstrahlen oder Energietoren versteckt sein oder für den Zugriff sind spezielle Geräte erforderlich.

Experimentieren Sie unbedingt mit den verfügbaren Tools, um jedes Terminal zu finden.

Beispiele für Lore-Einträge

- **„Die letzten Tage der Menschheit"**: Dieses Protokoll wurde nach der Lösung eines Laserreflexionsrätsels in einer antiken Ruine gefunden und enthält Aufzeichnungen aus den letzten Tagen der menschlichen Zivilisation. Es geht um ihre Hoffnungen auf den Erhalt von Wissen durch künstliche Intelligenz sowie um ihre Besorgnis über die Gefahren eines ungebremsten technologischen Wachstums.
- **„Der Aufstieg Elohims"**: Dieser Eintrag wurde nach Abschluss eines zeitbasierten Rätsels in einer verborgenen Kammer entdeckt und enthüllt Details über die Erschaffung von Elohim, der gottähnlichen Figur, die die frühe KI-Entwicklung leitete. Es bietet Einblicke in die Philosophie Elohims und ihren Einfluss auf die frühen KIs, die nach dem Untergang der Menschheit die Kontrolle über die Welt übernahmen.
- **„Die Natur des Bewusstseins"**: Dieser philosophische Eintrag wird durch eine Reihe anspruchsvoller Rätsel freigeschaltet. Es präsentiert eine Debatte zwischen zwei KI-Fraktionen über die wahre Natur des Bewusstseins und darüber, ob es unabhängig von biologischen Körpern existieren kann. Dieser Eintrag fordert die Spieler heraus, die Rolle des künstlichen Lebens zu hinterfragen und zu hinterfragen, was es bedeutet, „lebendig" zu sein.

Die Bedeutung von Lore-Terminals

- **Tiefe der Geschichte**: Während die zentrale Erzählung des Spiels fesselnd ist, bieten die versteckten Lore-Terminals den Spielern ein tieferes Verständnis der Welt, ihrer Schöpfer und ihrer philosophischen Grundlagen.

- **Geheimnisse enthüllen:** Einige Lore-Terminals geben möglicherweise sogar Hinweise zum Lösen besonders kniffliger Rätsel oder führen zu versteckten Bereichen. Sie dienen sowohl als Erzählwerkzeuge als auch als funktionale Gameplay-Elemente und belohnen gründliches Erkunden und Neugier.

4.3 Umweltgeschichten erzählen

Das Erzählen von Umweltgeschichten ist ein Schlüsselelement in *Das Talos-Prinzip: Wiedererwacht*Dies ermöglicht es den Spielern, die Erzählung in ihrer Umgebung zu entdecken, anstatt sich ausschließlich auf explizite Dialoge oder Zwischensequenzen zu verlassen. Das Spiel nutzt subtile visuelle Hinweise, architektonisches Design und Objektplatzierung, um tiefere Schichten der Geschichte zu vermitteln. Zu verstehen, wie man diese Umweltsignale liest, bereichert das Erlebnis und enthüllt verborgene Aspekte der Welt.

Architekturdesign

Die Strukturen im Spiel sind nicht nur funktional, sondern erzählen auch Geschichten über die Welt und ihre Vergangenheit. Viele der antiken Ruinen und modernen Einrichtungen, die Sie erkunden, sind zweckorientiert gestaltet und ihre Grundrisse spiegeln die Geschichte und Kultur der Wesen wider, die sie einst bewohnten oder errichteten.

- **Antike Ruinen:** Die Überreste alter menschlicher Zivilisationen weisen oft eingestürzte Gebäude, überwucherte Vegetation und zerfallende Statuen auf. Diese Umgebungen deuten auf eine einst blühende Gesellschaft hin, die inzwischen untergegangen ist, und spiegeln Themen wie Sterblichkeit, Verlust und den Lauf der Zeit wider.

- **Moderne Einrichtungen**: Das klare, minimalistische Design späterer KI-gesteuerter Bereiche kann die Loslösung von Maschinen von menschlichen Emotionen und deren Fokus auf Funktionalität symbolisieren. Diese Räume könnten sich steril und ohne persönliche Note anfühlen und die Kälte einer posthumanen Welt hervorrufen.

Symbolik und Bildsprache

Im Laufe des Spiels nutzt die Umgebung Symbolik und Bilder, um komplexe Themen zu vermitteln. Von Statuen über Wandgemälde bis hin zur Platzierung bestimmter Objekte: *Wiedererwacht* nutzt visuelles Geschichtenerzählen als Werkzeug für den Spieler, um tiefere Bedeutungen aufzudecken.

- **Statuen und Skulpturen**: Viele der Statuen, denen Sie begegnen, sind symbolische Darstellungen der KIs oder menschlichen Ideale. Einige zeigen Figuren in kontemplativen oder handelnden Posen, die den existenziellen Charakter der Geschichte widerspiegeln, während die Charaktere mit ihrer Identität und ihrem Zweck ringen.
- **Geheimnisvolle Symbole**: Sie werden auf kryptische Symbole stoßen, die in Wände eingraviert sind oder auf Terminals angezeigt werden. Diese können vergessenes Wissen oder verborgene Philosophien darstellen und dem Spieler Hinweise auf die verlorene Geschichte der Welt oder die Überzeugungen verschiedener Fraktionen bieten.

Objekte und Interaktion

Gegenstände in der Umgebung dienen auch als Erzählwerkzeuge. Die Platzierung bestimmter Objekte kann die Prioritäten, Gewohnheiten und Absichten früherer Bewohner offenbaren.

- **Bücher und Dokumente**: Verstreute Papiere oder Terminals enthalten oft fragmentierte Geschichten, Berichte oder persönliche Reflexionen. Diese können Hintergrundgeschichten liefern oder Hinweise auf die philosophischen Konflikte geben, die die Welt prägen.
- **Persönliche Gegenstände**: In einigen Bereichen finden Sie möglicherweise persönliche Gegenstände wie weggeworfene Werkzeuge, Fotos oder andere Erinnerungsstücke. Diese Gegenstände erzählen oft individuelle Geschichten über die Welt vor dem Untergang der Menschheit oder geben Einblick in das Leben derer, die dort lebten.

Umwelt-Storytelling durch Puzzle-Design

Auch die Rätsel selbst sind Teil des Umwelt-Storytellings. Die Art und Weise, wie Rätsel strukturiert sind – Sie müssen die Umgebung manipulieren, Geräte aktivieren oder Energie transportieren – kann die umfassenderen Themen Kontrolle, Freiheit und Verständnis widerspiegeln. Beispielsweise können Rätsel, bei denen es darum geht, Barrieren zu durchbrechen oder komplexe Systeme zu manipulieren, die philosophische Auseinandersetzung des Spiels mit Freiheit und Zurückhaltung widerspiegeln.

4.4 Geheimnisse und Sammlerstücke

Während die Haupträtsel und die Geschichte von *Das Talos-Prinzip: Wiedererwacht* Obwohl die Spiele für sich genommen spannend sind, bietet das Spiel auch eine reiche Auswahl an Geheimnissen und Sammlerstücken für Spieler, die tiefer in die Geschichte eintauchen, ihr Verständnis erweitern und spezielle Inhalte freischalten möchten. Diese verborgenen Schätze erfordern oft zusätzliche Erkundung und kritisches Denken und belohnen Spieler, die sich die Zeit nehmen, über das Offensichtliche hinauszuschauen.

Arten von Geheimnissen

Geheimnisse in *Wiedererwacht* gibt es in vielen Formen. Einige sind gut versteckt, während andere mit einem scharfen Auge leichter zu entdecken sind. Diese Geheimnisse erweitern oft die Erzählung oder bieten wertvolle Ressourcen, die Sie auf Ihrer Reise unterstützen.

- **Versteckte Räume**: Viele versteckte Bereiche können durch unklare oder komplexe Rätsellösungen erreicht werden. Diese Räume sind oft mit Lore-Einträgen, zusätzlichen Herausforderungen oder sogar besonderen Sammelgegenständen gefüllt.
- **Alternative Wege**: In manchen Fällen wird durch das Lösen eines Rätsels oder das Treffen bestimmter Entscheidungen eine alternative Route freigeschaltet, die zu versteckten Orten oder neuen Story-Abschnitten führen kann. Diese Wege belohnen Spieler oft mit einzigartigen Einblicken in die Spielwelt.
- **Puzzle-Variationen**: Für einige Rätsel gibt es alternative Lösungen, die Geheimnisse aufdecken. Wenn Sie ein Rätsel aus einem anderen Blickwinkel angehen oder bestimmte Werkzeuge kreativ einsetzen, können Sie einen Geheimweg eröffnen oder verborgene Mechanismen aktivieren.

Arten von Sammlerstücken

Sammlerstücke gibt es überall auf der Welt *Wiedererwacht*, oft müssen die Spieler schwierige Rätsel lösen oder abseits der ausgetretenen Pfade erkunden, um sie zu erlangen. Diese Sammlerstücke bieten zusätzliche Belohnungen, Wissen oder Boni, die die Verbindung des Spielers zur Welt des Spiels vertiefen.

- **Überlieferungsfragmente**: Diese Sammelgegenstände bieten mehr Kontext zur Hintergrundgeschichte und zum Aufbau der Welt des Spiels. Einige Fragmente sind in schwer zugänglichen Bereichen versteckt, während andere durch Rätselherausforderungen freigeschaltet werden. Das Sammeln aller Überlieferungsfragmente kann ein umfassendes Verständnis der Geschichte, Motivationen und philosophischen Konzepte des Spiels vermitteln.
- **Artefakte**: Zusätzlich zur Hintergrundgeschichte enthält das Spiel auch spezielle Artefakte – physische Objekte, die als Relikte vergangener Zivilisationen dienen. Diese Artefakte können manchmal an versteckten Orten oder durch das Lösen komplizierter Rätsel gefunden werden. Einige Artefakte enthalten versteckte Nachrichten oder lösen beim Sammeln Nebenquests aus.
- **Erfolgsbasierte Sammlerstücke**: Einige Sammlerstücke können nur durch das Erreichen bestimmter Meilensteine oder das Erfüllen bestimmter Aufgaben freigeschaltet werden. Dazu kann das Abschließen bestimmter Rätselsätze, das Erreichen bestimmter Erfolge im Spiel oder das Lösen spezieller Umgebungsrätsel gehören, die ausschließlich dazu dienen, Abschließer zu belohnen.

So finden Sie Geheimnisse

- **Gründliche Erkundung**: Geheimnisse erfordern oft eine sorgfältige Erkundung. Schauen Sie hinter Objekte, überprüfen Sie versteckte Ecken und untersuchen Sie

Strukturen auf Hinweise darauf, dass etwas nicht am richtigen Platz ist. Wenn eine Tür oder ein Durchgang unzugänglich erscheint, suchen Sie nach alternativen Möglichkeiten, damit zu interagieren, oder verwenden Sie Werkzeuge auf unerwartete Weise.

- **Lösen Sie optionale Rätsel**: Viele Geheimnisse werden durch das Lösen optionaler Rätsel oder das Abschließen von Nebenherausforderungen freigeschaltet. Diese mögen für die Hauptgeschichte irrelevant erscheinen, sind aber der Schlüssel zum Aufdecken versteckter Inhalte und zum Erhalten zusätzlicher Belohnungen.
- **Interagiere mit der Umwelt**: Achten Sie genau auf die Umgebung und darauf, wie sie auf Ihre Anwesenheit reagiert. Mit einigen Objekten, Plattformen oder Wänden kann möglicherweise nur interagiert werden, wenn Sie einen versteckten Mechanismus auslösen oder zuerst eine bestimmte Aufgabe erledigen.

Belohnungen für das Finden von Geheimnissen

Geheimnisse finden in *Wiedererwacht* bietet nicht nur ein reichhaltigeres Erlebnis in Bezug auf die Erzählung, sondern belohnt die Spieler auch mit einzigartigen Gameplay-Vorteilen. Dazu könnten gehören:

- **Neue Gadgets freischalten**: Einige Geheimnisse schalten neue Werkzeuge oder Gadgets frei, die Rätsel einfacher machen oder neue Bereiche zum Erkunden eröffnen.
- **Story-Erweiterungen**: Bestimmte Sammlerstücke schalten zusätzliche Kapitel mit Überlieferungen oder Nebengeschichten frei, die verschiedene Aspekte der Spielwelt erforschen und so die philosophische und erzählerische Tiefe erweitern.

- **Leistungsboni**: Durch das Sammeln aller Geheimnisse und Sammlerstücke können besondere Erfolge, Trophäen oder sogar alternative Rätselmodi für den Wiederspielwert freigeschaltet werden.

KAPITEL 5: BEREICH 2 – DIE VERSUNKENEN ECHOS

5.1 Erweiterte Puzzle-Lösungen

Im weiteren Verlauf *Das Talos-Prinzip: Wiedererwacht*, werden die Rätsel komplexer und erfordern tieferes kritisches Denken, kreative Problemlösung und ein umfassendes Verständnis der Mechaniken, die zu Beginn des Spiels eingeführt wurden. Dieser Abschnitt führt Sie durch einige fortgeschrittene Rätsel und bietet Strategien zur Bewältigung der schwierigsten Herausforderungen.

Rätsel 1: Das mehrschichtige Laserlabyrinth (Fortgeschritten)

Objektiv: Verwenden Sie Reflektoren, Energiequellen und präzises Timing, um einen Laserstrahl durch eine Reihe von Hindernissen zu leiten und ein Terminal mit Strom zu versorgen.

- **Schritt 1**: Beginnen Sie mit der Identifizierung des Lasersenders und seines Zielterminals. Sie werden feststellen, dass sich zwischen dem Sender und dem Terminal mehrere Barrieren und reflektierende Oberflächen befinden.
- **Schritt 2**: Platzieren Sie Reflektoren entlang des Laserstrahls, um ihn um Hindernisse herum zu lenken. Dies wird jedoch durch bewegliche Barrieren oder rotierende Spiegel erschwert, die ein genaues Timing erfordern.
- **Schritt 3**: Einige Barrieren blockieren den Laser, es sei denn, Sie halten bestimmte Schalter gedrückt. Verwenden Sie bewegliche Blöcke oder Energiestrahlen, um Schalter zu aktivieren, die die Barrieren offen halten und den Laser passieren lassen.

- **Schritt 4**: Sobald der Laser das Terminal erreicht, überprüfen Sie seine Ausrichtung und passen Sie alle Reflektoren oder Energiepfade an, um sicherzustellen, dass er lange genug aktiv bleibt, um das Terminal mit Strom zu versorgen.

Tipp: Der Schlüssel zu diesem Rätsel sind Timing und Reihenfolge. Richten Sie zunächst einen Weg für den Laser ein und positionieren Sie sich dann an strategischen Punkten, um Schalter gedrückt zu halten oder Reflektoren einzustellen, während der Laser in Bewegung ist. Achten Sie auf bewegliche Elemente, die Ihren Strahl behindern könnten, und experimentieren Sie mit verschiedenen Kombinationen von Reflektoren und Schaltern.

Rätsel 2: Das Förderband-Rätsel (Fortgeschritten)

Objektiv: Manipulieren Sie bewegliche Förderbänder und Druckplatten, um ein Objekt an ein Ziel zu liefern und dabei Hindernisse auf dem Weg zu überwinden.

- **Schritt 1**: Identifizieren Sie die Start- und Endpunkte der Förderbänder und beurteilen Sie die Hindernisse, die den Weg blockieren. Sie müssen die Druckplatten und Hebel verwenden, um die Geschwindigkeit oder Richtung des Bandes an verschiedenen Stellen anzupassen.
- **Schritt 2**: Legen Sie das zu transportierende Objekt auf das Förderband und überwachen Sie dessen Fortschritt. Während sich das Objekt bewegt, verwenden Sie Druckplatten, um die Richtung des Bandes zu ändern oder Barrieren zu öffnen, die andernfalls den Weg des Objekts blockieren könnten.
- **Schritt 3**: In einigen Fällen müssen Sie möglicherweise mehrere Objekte gleichzeitig transportieren, indem Sie verschiedene Förderbänder verwenden oder sogar zwischen den Pfaden wechseln. Stellen Sie sicher, dass die Objekte den

Endpunkt erreichen, indem Sie die Umgebung strategisch nutzen.

- **Schritt 4**: Passen Sie den Zeitpunkt der Bandschalter und Druckplattenaktivierungen so an, dass alle Objekte ungehindert transportiert werden. Möglicherweise müssen Sie mit verschiedenen Setups experimentieren, um die effizienteste Reihenfolge zu finden.

Tipp: Suchen Sie nach Bereichen, in denen Sie die Geschwindigkeit oder Richtung der Bänder steuern und die Flugbahn jedes Objekts berücksichtigen können. Es ist wichtig, im Voraus zu planen und vorherzusehen, wo Sie Schalter betätigen oder die Umgebung anpassen müssen, um Unterbrechungen zu vermeiden.

Rätsel 3: Das zeitgesteuerte Tür- und Blockrätsel (Fortgeschritten)

Objektiv: Verwenden Sie Blöcke und Timing, um Schalter zu aktivieren, Türen offen zu halten und einen Weg zum Ausgang freizumachen.

- **Schritt 1**: Betreten Sie den Bereich und beurteilen Sie die Tür, die offen gehalten werden muss. Im ganzen Raum sind Druckplatten und zeitgesteuerte Mechanismen verstreut, sodass Sie Blöcke verwenden müssen, um die Türen offen zu halten.
- **Schritt 2**: Positionieren Sie zunächst einen Block auf einer Druckplatte, um die Tür vorübergehend zu öffnen. Allerdings bleibt die Tür nur für eine begrenzte Zeit geöffnet.
- **Schritt 3**: Verwenden Sie zusätzliche Blöcke und die verfügbaren Zeitmechanismen, um den offenen Status der Tür aufrechtzuerhalten, während Sie auf die andere Seite gehen oder andere Schalter aktivieren.

- **Schritt 4**: Koordinieren Sie die Platzierung der Blöcke, um sicherzustellen, dass sie auf den Druckplatten bleiben und die Türen lange genug offen halten, damit Sie jede Aufgabe der Reihe nach erledigen können.

Tipp: Timing und Bewegung sind hier entscheidend. Sie müssen die Kunst beherrschen, Blöcke zu positionieren und ihre Platzierung in verschiedenen Teilen des Raums zu synchronisieren. Erwägen Sie den Einsatz mehrerer Blöcke hintereinander, um Türen im richtigen Moment offen zu halten.

5.2 Tipps zur Unterwassernavigation

In *Das Talos-Prinzip: Wiedererwacht*, Unterwassergebiete stellen eine Reihe einzigartiger Herausforderungen dar. In diesen Abschnitten müssen die Spieler ihre Strategien zum Lösen von Rätseln häufig an die Einschränkungen überfluteter Umgebungen anpassen, in denen Bewegung und Sicht verändert sind. Nachfolgend finden Sie Tipps, die Ihnen helfen, Unterwasserrätsel effektiv zu navigieren und zu lösen.

1. Bewegung unter Wasser meistern

Die Bewegung unter Wasser kann sich einschränkend anfühlen, und es ist wichtig zu lernen, wie Sie die Bewegungen Ihres Charakters effektiv steuern können.

- **Langsame, bewusste Bewegung**: Anders als an Land ist die Bewegung unter Wasser langsamer und gezielter. Sie müssen Ihre Erwartungen anpassen und sich Zeit nehmen, während Sie durch untergetauchte Gebiete navigieren. Achten Sie beim Tragen von Gegenständen oder beim Timing Ihrer Aktionen auf ein langsames Tempo.

- **Aufwärts- und Abwärtsbewegung**: In einigen Unterwasserabschnitten müssen Sie sowohl vertikal als auch horizontal navigieren. Nutzen Sie die Umgebung, um Ihnen beim Auf- oder Abstieg zu helfen, z. B. Plattformen, Lufteinschlüsse oder schwebende Objekte, die Ihnen helfen können, höher oder tiefer gelegene Bereiche zu erreichen.
- **Luftversorgung**: In einigen Unterwasserabschnitten müssen Sie möglicherweise Ihre Luftzufuhr kontrollieren. Suchen Sie nach Lufttaschen oder Atemstationen, um Ihren Sauerstoff aufzufüllen. Wenn das Gebiet groß ist, kartieren Sie potenzielle Luftquellen, damit Sie auf die Erkundung tiefer gelegener Abschnitte vorbereitet sind.

Tipp: Planen Sie Ihre Bewegungen sorgfältig, da es Sie zurückwerfen kann, sich zu verirren oder keine Luft mehr zu haben. Bevor Sie sich in tiefere Gebiete vorwagen, halten Sie Ausschau nach Lufteinschlüssen oder sicheren Zonen in der Nähe.

2. Interaktion mit Unterwasserobjekten

Unter Wasser gibt es oft Rätsel, bei denen es darum geht, Objekte zu bewegen oder mit Schaltern zu interagieren, was aufgrund der Einschränkungen der Umgebung schwierig sein kann.

- **Schwere Gegenstände**: Gegenstände im Wasser können sich schwerer anfühlen oder sich langsamer bewegen, was bedeutet, dass Sie beim Transport von Gegenständen über das Wasser Geduld benötigen. Für die Interaktion mit einigen Objekten sind möglicherweise zusätzliche Werkzeuge erforderlich, z. B. ein Greifer oder ein anderes spezielles Gerät.

- **Objekte bewegen**: Achten Sie darauf, wie sich Gegenstände im Wasser bewegen. Manchmal können Strömungen oder andere Kräfte Gegenstände in bestimmte Richtungen transportieren, was zu Ihrem Vorteil genutzt werden kann. Möglicherweise müssen Sie Objekte ausrichten oder an bestimmten Stellen platzieren, indem Sie den Wasserfluss nutzen, um ansonsten unzugängliche Bereiche zu erreichen.
- **Druckplatten**: Bei einigen Unterwasserrätseln handelt es sich um Druckplatten, die nur durch Objekte aktiviert werden können, die schwer genug sind, um sie auszulösen. Wenn der Gegenstand, den Sie verwenden möchten, schwimmt, suchen Sie nach Möglichkeiten, ihn zu beschweren, oder verwenden Sie andere Gegenstände in der Nähe, um die Platte auszubalancieren.

Tipp: Nehmen Sie sich Zeit, wenn Sie Objekte unter Wasser bewegen, und überlegen Sie, wie sich die Umgebung (z. B. Strömungen, Druck, Gewicht) auf die Rätselmechanik auswirkt. Manchmal müssen Sie möglicherweise die Umgebung selbst manipulieren, z. B. den Wasserstand erhöhen oder senken, um das richtige Ergebnis zu erzielen.

---

3. Licht und Sicht unter Wasser

Eine der Herausforderungen von Unterwasserabschnitten ist die eingeschränkte Sicht. Sie werden häufig auf schwach beleuchtete Bereiche oder Umgebungen stoßen, in denen es nur wenige Lichtquellen gibt.

- **Lichtquellen**: Suchen Sie nach Lichtquellen, die Ihnen den Weg weisen. Einige Bereiche verfügen möglicherweise über Unterwasserlichter, die durch Lösen von Rätseln aktiviert werden können, während Sie in anderen möglicherweise den Bereich durch das Lösen benachbarter Rätsel beleuchten müssen.

- **Erforschung**: Nehmen Sie sich bei schlechter Sicht Zeit, jeden Winkel zu erkunden. Schwimmen Sie um Hindernisse herum und bewegen Sie sich vorsichtig, um versteckte Gegenstände oder Wege nicht zu übersehen. Achten Sie besonders auf subtile Veränderungen in der Umgebung, die auf versteckte Routen oder Geheimnisse hinweisen könnten.
- **Wasserreflexionen**: Spiegelungen und Lichtbrechungen im Wasser können Ihre Sicht verzerren. Achten Sie darauf, wie sich Licht verhält, und nutzen Sie die Reflexionen der Umgebung, um versteckte Pfade zu finden oder Objekte zu finden, die Sie sonst möglicherweise übersehen würden.

Tipp: Nehmen Sie nach Möglichkeit eine Lichtquelle mit und erkunden Sie die Umgebung immer in kleinen Schritten, um sich nicht in den dunkleren Bereichen zu verlaufen. Wenn Sie eine Lichtquelle finden, markieren Sie damit Ihren Weg oder markieren Sie wichtige Bereiche.

5.3 Wichtige NPC-Begegnungen

Hindurch *Das Talos-Prinzip: Wiedererwacht*, wichtige NPC-Begegnungen spielen eine wichtige Rolle dabei, sowohl die Geschichte als auch das Verständnis des Spielers für die Welt voranzutreiben. Diese Charaktere bieten kritische Dialoge, zusätzliche Hintergrundgeschichten und stellen in manchen Fällen Ihre moralischen Entscheidungen in Frage. In diesem Abschnitt werden die wichtigsten NPCs, denen Sie begegnen, und ihre Rolle im Spiel hervorgehoben.

1. Elohim

Rolle: Elohim ist eine der zentralen Figuren im Spiel, die oft in Momenten des Nachdenkens auftaucht und den Spieler durch die Rätsel und philosophischen Fragen führt. Elohims Ziel ist es, den Protagonisten (Sie) dazu zu bringen, die Prüfungen zu meistern und gleichzeitig Ihre Weltanschauung zu formen.

- **Wichtige Begegnungen**: Elohim kommuniziert häufig über Terminals im Spiel oder direkt in entscheidenden Momenten der Handlung. Er bietet Orientierung, fordert Sie aber auch dazu auf, gründlich über die Natur der Existenz, den freien Willen und den Zweck der Prüfungen nachzudenken.
- **Philosophischer Einfluss**: Elohims Einfluss ist von zentraler Bedeutung für die philosophischen Dilemmata des Spiels. Seine Botschaften sind von religiösen oder gottähnlichen Untertönen durchzogen und seine Interaktionen mit dem Protagonisten drehen sich oft um Fragen des Glaubens, der Schöpfung und der Identität.

Tipp: Achten Sie genau auf Elohims Dialog. Er kann subtile Hinweise für Rätsel geben oder den Spieler sogar zu wichtigen philosophischen Überlegungen anregen, die im Verlauf des Spiels immer wichtiger werden.

2. Der Bote

Rolle: Der Bote stellt eine Gegenkraft zu Elohim dar und bietet alternative Perspektiven auf die Welt und die Natur der Existenz des Protagonisten. Im Verlauf des Spiels stellt The Messenger Elohims Weltanschauung in Frage und drängt Sie dazu, Ihre Annahmen über die Welt zu hinterfragen.

- **Wichtige Begegnungen**: Der Bote kommuniziert hauptsächlich über Terminals und Direktnachrichten und fungiert als Kontrapunkt zu Elohim. Ihre Dialoge sind oft kryptisch, enthalten aber einen Aufruf zur Rebellion gegen die aufgezwungene Struktur der Prozesse. Der Bote kann den Protagonisten ermutigen, sich Elohim zu widersetzen und Wahrheiten außerhalb der Grenzen zu entdecken, die durch Elohims Herrschaftsbereich gesetzt werden.
- **Philosophischer Einfluss**: Die Ideologie des Boten stellt die deterministische Weltanschauung in Frage, die Elohim vertritt. Sie präsentieren oft alternative Standpunkte zum freien Willen, zur Selbstbestimmung und zum Recht des Protagonisten (oder der KI), seinen Weg zu wählen.

Tipp: Die Standpunkte des Messengers bieten wichtige Hinweise, um verschiedene Enden freizuschalten und Ihre Wahrnehmung der Spielwelt herauszufordern. Die Entscheidung, ob man Elohims Anweisungen folgt oder sich gegen den Boten auflehnt, hat erheblichen Einfluss auf den Ausgang des Spiels.

3. Der Architekt

Rolle: Der Architekt ist eine rätselhafte Figur, deren Arbeit ein wesentlicher Bestandteil der Schaffung und Struktur der Puzzle-Umgebungen ist. Obwohl man ihnen nicht direkt persönlich begegnet, ist ihr Einfluss in der Gestaltung und Gestaltung der Bereiche, die Sie erkunden, spürbar.

- **Wichtige Begegnungen**: Die Anwesenheit des Architekten wird normalerweise durch versteckte Terminals oder subtile Umwelthinweise offenbart. Diese Terminals bieten Fragmente der Philosophie des Architekten zur Schaffung von

KI, ihrer Rolle bei der Gestaltung der Tests und dem zugrunde liegenden Design der Welt.

- **Philosophischer Einfluss**: Der Dialog des Architekten dreht sich oft um die Idee von Schöpfung und Zweck. Als Architekten der Welt stellen sie Fragen zur Natur der künstlichen Schöpfung und zu den Verantwortlichkeiten, die mit der Erschaffung fühlender Wesen verbunden sind. Ihre Schriften regen dazu an, über die Verantwortung des Schöpfers und die ethischen Implikationen des Aufbaus von Intelligenz nachzudenken.

Tipp: Um die Rolle des Architekten in der Welt vollständig zu verstehen, erkunden Sie die Umgebung sorgfältig und suchen Sie nach Terminals oder versteckten Botschaften. Die Erkenntnisse des Architekten liefern einen entscheidenden Kontext für das Verständnis der übergeordneten Erzählung.

4. Das Exil

Rolle: Der Verbannte ist eine geheimnisvolle Figur, die oft als Stimme aus der Vergangenheit oder als beiseite geschobene KI erscheint. Sie bieten kryptische Führung und dienen sowohl Elohim als auch dem Boten als Gegenstück, indem sie den Protagonisten dazu drängen, die Natur der Existenz außerhalb des aufgezwungenen Systems in Frage zu stellen.

- **Wichtige Begegnungen**: Die Anwesenheit des Verbannten wird oft mit unbekannteren oder versteckteren Orten im Spiel in Verbindung gebracht. Ihre Botschaften spiegeln oft den Wunsch wider, den Zwängen der von Elohim geschaffenen Welt zu entkommen oder sich von ihnen zu befreien.

- **Philosophischer Einfluss**: Im Mittelpunkt der Philosophie des Exile steht die Idee der Befreiung. Sie stellen den Wert der Prüfungen in Frage und ermutigen den Spieler, ein Leben außerhalb der von Elohim vorgesehenen Grenzen anzustreben. Ihre Perspektive zwingt die Spieler dazu, sich mit Vorstellungen von Freiheit und dem Recht, jenseits vorgegebener Rollen zu existieren, auseinanderzusetzen.

Tipp: Die Begegnung mit The Exile bedeutet oft, dass Sie kurz davor stehen, tiefere Schichten der Spielgeschichte aufzudecken. Ihre Lehren können dazu beitragen, alternative Perspektiven zu erschließen, die den Status quo in Frage stellen, und so ein umfassenderes Verständnis der philosophischen Themen des Spiels ermöglichen.

5.4 Audioprotokolle und Symbolhinweise

Audioprotokolle und Symbole sind zwei der effektivsten Werkzeuge in *Das Talos-Prinzip: Wiedererwacht* um Hintergrundgeschichten bereitzustellen, die Hintergrundgeschichte zu erweitern und Spieler zu versteckten Hinweisen oder alternativen Rätsellösungen zu führen. Beide spielen eine entscheidende Rolle bei der Erkundung des Universums des Spiels, beim Verständnis seiner Geschichte und beim Aufdecken seiner Geheimnisse.

1. Audioprotokolle

Audioprotokolle sind auf der ganzen Welt verstreut und dienen als wichtiges Mittel zum Geschichtenerzählen. Diese Protokolle enthalten oft persönliche Reflexionen, historische Aufzeichnungen und philosophische Einblicke, die Ihr Verständnis der Geschichte und Welt des Spiels vertiefen.

- **Zweck und Inhalt**: Audioprotokolle können von persönlichen Tagebüchern reichen, die Menschen vor dem Zusammenbruch ihrer Zivilisation hinterlassen haben, bis hin zu aufgezeichneten Nachrichten von KI-Charakteren, die ihre eigene Existenz und Rollen innerhalb des Systems diskutieren. Das Anhören dieser Protokolle kann Ihnen ein besseres Gefühl für die emotionalen und existenziellen Risiken des Spiels vermitteln.
- **Audioprotokolle finden**: Audioprotokolle sind in verschiedenen Rätseln und Umgebungen versteckt. Man findet sie oft an abgelegenen Orten oder nach dem Lösen komplexer Rätsel. Seien Sie bei Ihrer Erkundung gründlich, da einige Protokolle möglicherweise erst angezeigt werden, nachdem bestimmte Herausforderungen gelöst oder bestimmte Bedingungen erfüllt wurden.
- **Bedeutung in der Erzählung**: Diese Protokolle sind oft der Schlüssel zum Verständnis der Beweggründe bestimmter Charaktere oder Fraktionen und liefern Hintergrundgeschichten zum Untergang der Menschheit, den Ursprüngen der KIs und den philosophischen Fragen, die der Geschichte des Spiels zugrunde liegen. Sie tragen auch dazu bei, die Welt des Spiels zu konkretisieren, indem sie Einblicke in die umfassenderen narrativen und emotionalen Themen bieten.

Tipp: Hören Sie sich immer Audioprotokolle an, da sie wichtige Kontexte und Hintergrundinformationen liefern. Halten Sie Ausschau nach diesen Protokollen, da einige möglicherweise sogar kryptische Hinweise zum Lösen von Rätseln oder zum Zugriff auf versteckte Bereiche enthalten.

2. Symbolhinweise

Dabei spielen Symbole eine entscheidende Rolle *Wiedererwacht*und bietet den Spielern subtile Hinweise auf die tieferen Geheimnisse des Spiels. Diese Symbole können an Wänden, Terminals oder in Umgebungsmerkmalen erscheinen und erfordern oft, dass Sie sie als Teil eines größeren Rätsels oder Mysteriums interpretieren.

- **Rolle beim Lösen von Rätseln**: Viele Rätsel sind an Symbole gebunden, die Hinweise auf die richtige Reihenfolge der Aktionen, die Position versteckter Gegenstände oder den einzuschlagenden Weg geben. Diese Symbole können abstrakte Konzepte wie Licht, Leben oder Zeit darstellen und dabei helfen, die Natur der Rätsel selbst zu enthüllen.
- **Symbolische Bedeutung**: Einige Symbole können auch eine tiefere philosophische Bedeutung haben und sich auf die Schlüsselthemen des Spiels beziehen, wie etwa die Natur des Bewusstseins, die Rolle künstlicher Wesen und die ethischen Dilemmata, mit denen der Protagonist konfrontiert ist. Das Erkennen dieser symbolischen Bezüge kann Ihr Verständnis für die tieferen narrativen und philosophischen Fragen des Spiels verbessern.
- **Symbole finden**: Symbole sind oft überall in der Umgebung verstreut, manchmal gut sichtbar und manchmal an weniger bekannten Orten versteckt. Sie können auf Terminals gefunden, in Wände eingraviert oder auf Gegenstände in der Umgebung gemalt werden. Oft erscheinen die Symbole in Gruppen, was auf ihre Relevanz für ein bestimmtes Rätsel oder einen bestimmten Story-Thread schließen lässt.

Tipp: Halten Sie während des Spiels immer Ausschau nach wiederkehrenden Symbolen. Behalten Sie alle Symbole im Auge, auf die Sie stoßen, da diese möglicherweise Teil eines größeren Puzzles sind oder wichtige Hinweise auf die Geschichte und die Welt liefern.

KAPITEL 6: BEREICH 3 – DIE STILLE ZITADELLE

6.1 Zeitbasierte Puzzle-Strategien

Zeitbasierte Rätsel in *Das Talos-Prinzip: Wiedererwacht* Führen Sie ein dynamisches Element ein, das die Fähigkeit des Spielers herausfordert, schnell zu denken, vorauszuplanen und das Timing effektiv zu nutzen. Diese Rätsel erfordern oft die Synchronisierung von Aktionen, die Bewältigung von Umgebungsveränderungen und die Antizipation sich bewegender Hindernisse. Nachfolgend finden Sie Strategien zum erfolgreichen Navigieren in zeitbasierten Rätseln.

1. Die Timing-Mechanismen verstehen

Bevor man sich mit der Lösung zeitbasierter Rätsel beschäftigt, ist es wichtig zu verstehen, wie die Timing-Mechanismen im Spiel funktionieren. Zeitbasierte Rätsel beinhalten oft Plattformen, sich bewegende Hindernisse oder zeitgesteuerte Schalter, die die Umgebung regelmäßig verändern.

- **Zeitgesteuerte Plattformen und Türen**: Bei vielen Rätseln handelt es sich um Plattformen oder Türen, die sich in bestimmten Abständen öffnen oder schließen lassen. Sie müssen den Zeitpunkt dieser Veränderungen lernen, Ihre Bewegungen entsprechend planen und manchmal andere Objekte manipulieren, um Türen offen zu halten.
- **Timer und Verzögerungen**: Einige Rätsel verfügen über Countdown-Timer, die nach Ablauf bestimmte Aktionen auslösen. In diesen Fällen ist es wichtig, sich vorab Gedanken über den weiteren Ablauf zu machen und wie viel Zeit man zur Reaktion haben muss. Nutzen Sie visuelle und akustische

Hinweise aus der Umgebung, um die verstreichende Zeit zu verfolgen.

Tipp: Studieren Sie die Bewegungsmuster zeitbasierter Hindernisse und Plattformen, bevor Sie sich bewegen. Bei einigen Rätseln müssen Sie möglicherweise auf den perfekten Moment zum Handeln warten, während Sie bei anderen möglicherweise den richtigen Zeitpunkt antizipieren und handeln müssen, bevor sich die Dinge ändern.

---

2. Synchronisierung von Aktionen

Viele zeitbasierte Rätsel erfordern eine Synchronisierung, bei der Sie mehrere Aktionen innerhalb eines festgelegten Zeitrahmens koordinieren müssen. Bei diesen Rätseln werden häufig Hebel, Druckplatten oder andere Gegenstände verwendet, die Mechanismen auslösen oder blockieren.

- **Gleichzeitige Aktionen**: Bei einigen Rätseln müssen Sie mehrere Schalter gleichzeitig betätigen oder Objekte an ihren Platz verschieben. In solchen Situationen ist es hilfreich, im Voraus zu planen und Strategien zu entwickeln, wie die Umgebung genutzt werden kann (z. B. indem Gegenstände auf Druckplatten platziert werden), um Mechanismen länger aktiv zu halten.
- **Verwenden von Helfern und Tools**: Manchmal können Sie Werkzeuge wie Energiestrahlen oder bewegliche Blöcke verwenden, um die Zeit für bestimmte Aktionen zu verzögern oder zu verlängern. Diese Tools können als Vermittler dienen, die es Ihnen ermöglichen, Mechanismen aktiv zu halten oder Ereignisse mit perfektem Timing auszulösen.

Tipp: Nutzen Sie alle verfügbaren Ressourcen, wie zusätzliche Blöcke oder Umgebungsmechanismen, um Aktionen zu verzögern oder Schalter an Ort und Stelle zu halten, während Sie sich durch das Rätsel bewegen. Wenn Sie das Timing mithilfe dieser Tools manipulieren können, erhöhen sich Ihre Erfolgschancen erheblich.

3. Umwelthinweise für das Timing

Bei vielen zeitbasierten Rätseln gibt die Umgebung subtile Hinweise, die den Spielern helfen, den Rhythmus der Zeitmechanismen zu verstehen. Dabei kann es sich um visuelle Signale, Geräusche oder sogar leichte Umgebungsveränderungen handeln, die auf eine Änderung des Puzzlezustands hinweisen.

- **Visuelle Hinweise**: Achten Sie auf Änderungen der Beleuchtung, der Schatten oder der Position von Objekten, während sie sich bewegen. Plattformen können sich beispielsweise mit deutlichen visuellen Mustern heben oder senken, die signalisieren, wann das Überqueren sicher ist.
- **Auditive Hinweise**: Einige Rätsel bieten akustische Hinweise, z. B. das Geräusch einer Türöffnung oder das Ticken eines Timers. Achten Sie auf diese Geräusche, denn sie können Ihr Handeln leiten und Ihnen sagen, wann die Zeit abläuft.
- **Umweltinteraktion**: Die Umgebung kann sich im Laufe der Zeit auf andere Weise verändern, z. B. durch steigende oder sinkende Wasserstände oder durch die Verschiebung von Mauern. Diese physischen Veränderungen sind oft entscheidend für den Fortschritt des Rätsels.

Tipp: Achten Sie auf diese Umwelthinweise. Sie helfen Ihnen dabei, Ihre Aktionen mit dem natürlichen Rhythmus des Puzzles zu synchronisieren und sicherzustellen, dass Sie zeitbasierte Aufgaben effizient erledigen.

4. Häufige Fallstricke bei zeitbasierten Rätseln

Zeitbasierte Rätsel können frustrierend sein, wenn Sie nicht aufpassen. Es gibt mehrere häufige Fehler, die Spieler bei der Bewältigung dieser Herausforderungen machen und die wertvolle Zeit verschwenden oder den Fortschritt behindern können.

- **Rauschen**: Bei zeitbasierten Rätseln kann Eile zum Scheitern führen. Es ist wichtig, ruhig zu bleiben und auf den richtigen Moment zu warten, um etwas zu unternehmen.
- **Das Timing falsch einschätzen**: Wenn Sie den Zeitpunkt eines Ereignisses oder einer Bewegung falsch einschätzen, müssen Sie das Rätsel möglicherweise erneut starten. Studieren Sie die Zeitintervalle immer sorgfältig, bevor Sie fortfahren.
- **Die Lösung überkomplizieren**: Manchmal ist die Lösung eines zeitbasierten Rätsels einfacher als es scheint. Widerstehen Sie dem Drang, das Rätsel zu sehr zu überdenken oder unnötige Komplexität hinzuzufügen.

Tipp: Geduld und Beobachtung sind der Schlüssel zur Lösung zeitbasierter Rätsel. Nehmen Sie sich Zeit, um die Zeitmuster zu verstehen und eine klare Strategie zu entwickeln, bevor Sie Ihren Plan ausführen.

6.2 Portal- und Dimensionstricks

In *Das Talos-Prinzip: Wiedererwacht*, Portale und Dimensionsverschiebungen verleihen dem Rätsellösungserlebnis eine aufregende Komplexitätsebene. Diese Mechanik ermöglicht es Ihnen, den Raum zu manipulieren, sich durch verschiedene Ebenen der Existenz zu bewegen und auf eine Weise mit der Umgebung zu interagieren, die bisher unmöglich war. Das Beherrschen dieser Tricks ist entscheidend für den Fortschritt im Spiel.

1. Portalmechanik verstehen

Portale gehören zu den kultigsten Spielmechaniken überhaupt *Das Talos-Prinzip: Wiedererwacht*. Dadurch können Sie Verbindungen zwischen zwei verschiedenen Bereichen in der Umgebung herstellen und so Lücken überwinden, Rätsel lösen und Objekte über verschiedene Ebenen hinweg manipulieren.

- **Grundlegende Portalnutzung**: Zunächst können Sie Portale zwischen bestimmten Punkten im Spiel erstellen. Diese Portale ermöglichen es Ihnen, einen Ort zu betreten und einen anderen sofort wieder zu verlassen, wodurch sich neue Wege zum Erkunden eröffnen. Die Fähigkeit, sich über Portale frei durch den Weltraum zu bewegen, ist für die Lösung vieler Rätsel unerlässlich.
- **Portalplatzierung**: Der Schlüssel zur Beherrschung von Portalen liegt darin, zu verstehen, wo sie platziert werden sollen. Sie müssen nach Oberflächen oder bestimmten Objekten suchen, die „portalkompatibel" sind. Diese Oberflächen sind oft markiert oder haben ein charakteristisches Aussehen, das darauf hinweist, dass sie Portale aufnehmen können.

Tipp: Wenn Sie auf eine Lücke oder ein Hindernis stoßen, versuchen Sie, ein Portal an einer Stelle zu platzieren und die Umgebung zu erkunden, um einen geeigneten Ort für das Ausgangsportal zu finden. Mit dieser Technik können Sie Hindernisse überwinden, die sonst unüberwindbar wären.

2. Raum und Zeit mit Portalen manipulieren

Einige Rätsel erfordern eine fortgeschrittenere Manipulation der Raumzeit, wobei Portale nicht nur dazu dienen, den physischen Raum zu durchqueren, sondern auch die Umgebung auf einzigartige Weise zu beeinflussen. Beispielsweise müssen Sie möglicherweise Portale verwenden, um Objekte zu bewegen oder Pfade zu erstellen, die es Ihnen ermöglichen, ansonsten unerreichbare Bereiche zu erreichen.

- **Portal- und Objektinteraktion**: Bei vielen Rätseln geht es darum, Objekte wie Blöcke oder Energiequellen durch Portale zu bewegen, um Schalter zu aktivieren oder Druckplatten zu halten. In diesen Fällen müssen Sie die Platzierung Ihrer Portale sorgfältig planen, um Objekte an ihren richtigen Bestimmungsort zu leiten.
- **Nutzung mehrerer Portale**: Bei komplexeren Rätseln müssen Sie mehrere Portale gleichzeitig nutzen. Dazu ist es erforderlich, über die räumlichen Beziehungen zwischen den Portalen nachzudenken und darüber, wie sie nacheinander genutzt werden können, um das Rätsel zu lösen.

Tipp: Stellen Sie sich Portale als Werkzeuge zum Erstellen von Verknüpfungen oder zum Manipulieren von Objekten im Raum vor. Experimentieren Sie mit verschiedenen Portalplatzierungen, um neue Möglichkeiten zum Lösen von Rätseln zu entdecken.

3. Dimensionsverschiebungen und Parallelwelten

Das Spiel beinhaltet auch Dimensionsverschiebungen, die es Ihnen ermöglichen, mit verschiedenen Versionen desselben Raums zu interagieren. Diese Veränderungen führen zu neuen Rätseln, bei denen Sie darüber nachdenken müssen, wie verschiedene Versionen eines Raums oder einer Umgebung miteinander interagieren.

- **Dimensionstore**: Diese Tore ermöglichen es den Spielern, zwischen verschiedenen Realitäten zu wechseln und so neue Möglichkeiten und Rätsellösungen freizuschalten. Die größte Herausforderung bei diesen Rätseln besteht darin, zu verstehen, wie sich die beiden Welten unterscheiden und wie Handlungen in einer Dimension die andere beeinflussen können.
- **Synchronisieren von Aktionen über Dimensionen hinweg**: Bei vielen Dimensionsrätseln müssen Sie Probleme in einer Dimension lösen und gleichzeitig die Ergebnisse in einer anderen vorwegnehmen. Beispielsweise müssen Sie möglicherweise ein Objekt in einer Dimension verschieben, um eine Änderung in der anderen auszulösen, oder Portale über mehrere Dimensionen hinweg ausrichten, um eine Abfolge von Aktionen abzuschließen.

Tipp: Achten Sie auf die Unterschiede zwischen den beiden Dimensionen. Kleine Änderungen in einer Version des Raums können große Auswirkungen auf die andere Dimension haben. Nutzen Sie diese Veränderungen strategisch, um Lösungen zu finden, die in einer einzigen Dimension nicht möglich wären.

4. Häufige Herausforderungen bei Portalen und Dimensionen

Portale und Dimensionsrätsel stellen oft besondere Herausforderungen dar, die unvorbereitete Spieler frustrieren können. Zu diesen Herausforderungen gehören das räumliche Bewusstsein, die präzise Platzierung und das Verständnis der Wechselwirkungen zwischen mehreren Elementen in verschiedenen Dimensionen.

- **Falsche Platzierung von Portalen**: Eine falsche Portalplatzierung ist eine häufige Gefahr. Wenn Portale nicht sorgfältig platziert werden, kann es sein, dass Sie stecken bleiben oder Ihr Ziel nicht erreichen können.
- **Dimensionsunterschiede außer Acht lassen**: Bei Dimensionsrätseln übersieht man leicht die subtilen Unterschiede zwischen den Welten. Diese kleinen Änderungen können der Schlüssel zum Fortschritt in einem Puzzle sein.

Tipp: Wenn Sie mit einem Dimensionswechsel oder einem Portalrätsel konfrontiert werden, nehmen Sie sich Zeit, die Umgebung in beiden Dimensionen zu studieren. Suchen Sie nach subtilen Unterschieden und denken Sie kreativ darüber nach, wie Portale und Schichten kombiniert werden können, um das Rätsel zu lösen.

6.3 Kartierung des Grundrisses der Zitadelle

Die Zitadelle in *Das Talos-Prinzip: Wiedererwacht* ist eine riesige und komplizierte Umgebung voller komplexer Rätsel, verborgener Geheimnisse und zahlreicher miteinander verbundener Bereiche. Die Kartierung des Grundrisses der Zitadelle ist für eine effiziente Navigation, das Lösen von Rätseln und das Aufdecken aller

Geheimnisse des Spiels unerlässlich. In diesem Abschnitt erfahren Sie, wie Sie das weitläufige Design der Zitadelle verstehen.

1. Die Struktur der Zitadelle verstehen

Die Zitadelle ist in mehrere unterschiedliche Bereiche unterteilt, von denen jeder einzigartige Rätsel, Umgebungen und Story-Elemente bietet. Das Verständnis der Beziehung zwischen diesen Bereichen ist für einen effizienten Fortschritt von entscheidender Bedeutung.

- **Zentraler Hub**: Der Hauptbereich der Zitadelle dient als zentraler Knotenpunkt und verbindet sich mit verschiedenen Rätselzonen. Von hier aus können Sie auf verschiedene Flügel zugreifen, die jeweils ein anderes Rätselthema oder einen anderen Schwierigkeitsgrad darstellen. Der zentrale Knotenpunkt dient auch als Ort der Reflexion und Interaktion mit zentralen Erzählelementen.
- **Zonen und Flügel**: Jeder Flügel oder jede Zone in der Zitadelle ist eine eigenständige Umgebung mit eigenen Rätseln. Zu diesen Bereichen können Außenumgebungen, antike Ruinen, futuristische Gebäude und mehr gehören. Das Design jeder Zone soll Ihre Rätsellösungsfähigkeiten auf die Probe stellen und gleichzeitig die Hintergrundgeschichte des Spiels erweitern.

Tipp: Achten Sie auf die Wege und Verbindungen zwischen den Zonen. Einige Bereiche sind erst zugänglich, nachdem bestimmte Rätsel in angrenzenden Flügeln gelöst wurden. Stellen Sie sicher, dass Sie diese Zusammenhänge im Kopf festhalten, denn sie werden Ihnen dabei helfen, durch die labyrinthartige Struktur der Zitadelle zu gelangen.

2. Interaktive Kartenfunktionen

Während Sie die Zitadelle erkunden, ist eine interaktive Kartenfunktion Ihr bester Freund. Auf diese Karte kann von verschiedenen Terminals in der Zitadelle aus zugegriffen werden und sie bietet eine visuelle Darstellung der Umgebung, die Sie erkunden.

- **Enthüllung der Karte**: Während Sie durch verschiedene Bereiche der Zitadelle voranschreiten, werden weitere Teile der Karte freigeschaltet. Dies ermutigt Sie, jeden Winkel der Umgebung zu erkunden, da einige Bereiche verborgen bleiben, bis Sie bestimmte Entdeckungen machen.
- **Markierungen und Indikatoren**: Die Karte kann Markierungen enthalten, die Rätselorte, versteckte Bereiche und Sehenswürdigkeiten hervorheben. Diese Markierungen können Ihnen dabei helfen, wichtige Bereiche zu finden, die Sie andernfalls übersehen würden, beispielsweise Wissensterminals oder schwer zugängliche Rätselräume.

Tipp: Überprüfen Sie regelmäßig die Karte, während Sie die Zitadelle erkunden. Einige Bereiche können nach bestimmten Aktionen oder Rätselabschlüssen leichter zugänglich sein. Verwenden Sie die Karte, um Ihren Fortschritt zu verfolgen und Bereiche zu finden, zu denen Sie möglicherweise zurückkehren müssen, nachdem Sie neue Fähigkeiten freigeschaltet oder wichtige Rätsel gelöst haben.

3. Umwelthinweise für die Navigation

Während die interaktive Karte eine Ansicht von oben bietet, gibt es auch Umgebungshinweise, die Ihnen den Weg durch die Zitadelle erleichtern. Diese subtilen Hinweise sind oft in der Architektur und dem Design der Umgebung verborgen und können Ihnen Hinweise darauf geben, wohin Sie als Nächstes gehen sollten oder welche Bereiche wichtig sind.

- **Visuelle Hinweise**: Suchen Sie nach Sehenswürdigkeiten oder einzigartigen Merkmalen, die sich in der gesamten Zitadelle wiederholen. Dabei kann es sich um hoch aufragende Statuen, hell leuchtende Objekte oder bestimmte Architekturstile handeln, die auf wichtige Interessenbereiche hinweisen.
- **Audio- und Lichtsignale**: Manchmal verwendet das Spiel akustische Hinweise oder Lichtveränderungen, um Sie subtil zu wichtigen Orten zu führen. Beispielsweise könnte das Summen einer Energiequelle oder eines Lichtstrahls auf die Anwesenheit eines versteckten Terminals oder Rätselelements hinweisen.

Tipp: Machen Sie sich beim Erkunden gedankliche Notizen zu wiederholten Merkmalen in der Umgebung. Diese wiederkehrenden Elemente weisen oft auf Bereiche mit Rätseln, Überlieferungen oder wichtigen Entdeckungen hin.

4. Effiziente Wegfindung und Verknüpfungen

Die Zitadelle ist riesig und es kann einige Zeit dauern, von einem Rätselbereich zum anderen zu gelangen. Um Zeit zu sparen und unnötiges Zurückverfolgen zu vermeiden, müssen Sie die Abkürzungen und effizienten Pfade zwischen verschiedenen Zonen kennen.

- **Geheimgänge**: Verborgene Durchgänge und Abkürzungen sind oft hinter beweglichen Gegenständen versteckt oder für die Öffentlichkeit nicht sichtbar. Diese Abkürzungen können die Reisezeit erheblich verkürzen und eine schnellere Route zwischen wichtigen Gebieten ermöglichen.
- **Schnellreisepunkte**: Bestimmte Terminals in der Zitadelle ermöglichen eine schnelle Reise zwischen Zonen, sodass Sie

Bereiche, die Sie bereits erkundet haben, schnell erreichen können. Diese sind besonders hilfreich, wenn Sie nach dem Freischalten neuer Werkzeuge oder Fähigkeiten zu früheren Rätselbereichen zurückkehren müssen.

Tipp: Achten Sie im weiteren Verlauf auf wichtige Terminals oder Standorte, die eine schnelle Reise ermöglichen. So vermeiden Sie, dass Sie sich verlaufen, und verbringen mehr Zeit mit dem Lösen von Rätseln als mit dem Navigieren durch lange Korridore.

6.4 Optionale Herausforderungskammern

Zusätzlich zu den Haupträtselräumen, die die Geschichte vorantreiben, *Das Talos-Prinzip: Wiedererwacht* verfügt außerdem über eine Vielzahl optionaler Herausforderungskammern. Diese Kammern sollen Ihre Rätsellösungsfähigkeiten auf die Probe stellen und denjenigen, die sie lösen, wertvolle Belohnungen bieten.

1. Herausforderungskammern verstehen

Herausforderungskammern sind spezielle Bereiche, die über die gesamte Zitadelle verteilt sind. In diesen Kammern gibt es schwierigere Rätsel, für deren Lösung oft fortgeschrittene Techniken oder kreatives Denken erforderlich sind. Die Herausforderungen variieren stark in ihrem Schwierigkeitsgrad und bieten alles von zeitgesteuerten Rätseln bis hin zu Rätseln, die mehrere Schritte erfordern.

- **Optional, aber lohnend**: Herausforderungskammern sind zwar nicht erforderlich, um das Spiel abzuschließen, sie bieten jedoch erhebliche Belohnungen. Diese Belohnungen können Wissen, neue Fähigkeiten oder besondere Gegenstände umfassen, die Ihr Verständnis des Spiels verbessern oder Ihnen das Lösen von Rätseln erleichtern.

- **Schwierigkeitsskalierung**: Der Schwierigkeitsgrad dieser Herausforderungen steigt im Verlauf des Spiels. Frühe Kammern mögen relativ einfach sein, aber spätere Kammern erfordern, dass Sie über den Tellerrand hinausschauen und mehrere Puzzle-Mechaniken kombinieren.

Tipp: Fühlen Sie sich nicht unter Druck gesetzt, jede Herausforderungskammer abzuschließen. Wenn Sie jedoch gerne knifflige Rätsel lösen und sich zusätzliche Belohnungen wünschen, schauen Sie sich diese Kammern unbedingt an, sobald sie verfügbar sind.

2. Arten von Herausforderungskammern

Die Herausforderungskammern unterscheiden sich stark in ihrer Gestaltung und den Fähigkeiten, die sie testen. Nachfolgend finden Sie einige Arten von Herausforderungskammern, denen Sie im Laufe des Spiels begegnen werden:

- **Zeitgesteuerte Herausforderungen**: Bei diesen Herausforderungen müssen Sie ein Rätsel innerhalb eines festgelegten Zeitlimits lösen. Effizienz und schnelles Denken sind der Schlüssel zur Lösung dieser Rätsel. Bei vielen zeitgesteuerten Herausforderungen handelt es sich um komplexe Mechaniken, die schnell ausgeführt werden müssen.
- **Komplexe mehrstufige Rätsel**: Einige Herausforderungskammern sind mit mehrstufigen Rätseln ausgestattet, deren Lösung eine sorgfältige Planung und den Einsatz mehrerer Werkzeuge oder Gegenstände erfordert. Bei

diesen Herausforderungen kommt es häufig darauf an, Portale, Energiestrahlen und andere Werkzeuge in Kombination zu nutzen, um die Lösung zu erreichen.

- **Explorationsherausforderungen**: In diesen Kammern liegt die Hauptschwierigkeit darin, die Lösung zu finden, da das Rätsel möglicherweise nicht sofort offensichtlich ist. Möglicherweise müssen Sie nach versteckten Hinweisen suchen, die Umgebung genau beobachten oder mit verschiedenen Objekten experimentieren, um die Lösung zu finden.

Tipp: Bewältigen Sie diese Herausforderungen, wenn Sie sich Ihrer Fähigkeiten zum Lösen von Rätseln sicher sind. Sie können geistig anstrengend sein, aber das Gefühl der Befriedigung, sie zu absolvieren, ist die Mühe auf jeden Fall wert.

3. Belohnungen für das Abschließen von Herausforderungen

Das Abschließen von Herausforderungskammern ist zwar optional, belohnt Sie jedoch mit mehr als nur der Befriedigung, ein schwieriges Rätsel zu lösen. Die Belohnungen hängen oft direkt mit der Geschichte des Spiels, der Charakterentwicklung oder den Fähigkeiten zum Lösen von Rätseln zusammen.

- **Lore- und Story-Erweiterung**: Einige Herausforderungen bieten In-Game-Terminals oder Audioprotokolle, die weitere Einblicke in die Hintergrundgeschichte des Spiels bieten. Diese Protokolle tragen dazu bei, Ihr Verständnis der Welt und ihrer Geschichte zu erweitern und bieten eine tiefere Verbindung zur Geschichte.
- **Fähigkeiten und Gegenstände freischalten**: Das Abschließen von Herausforderungskammern kann Sie mit besonderen Fähigkeiten oder Werkzeugen belohnen, die das Lösen anderer Rätsel erleichtern. Diese Belohnungen können auch

in späteren Rätseln verwendet werden, um versteckte Bereiche freizuschalten oder auf zuvor unerreichbare Teile des Spiels zuzugreifen.

Tipp: Wenn Sie ein Vervollständiger sind, versuchen Sie, so viele Herausforderungskammern wie möglich abzuschließen. Die Belohnungen werden Ihr Verständnis des Spiels vertiefen und Ihre Reise durch die Zitadelle erfüllender machen.

4. Die schwierigsten Herausforderungen meistern

Einige der schwierigsten Herausforderungskammern überhaupt *Das Talos-Prinzip: Wiedererwacht* erfordern fortgeschrittene Rätsellösungstechniken und ein tiefes Verständnis der Spielmechanik. Diese Herausforderungen können Ihre Geduld und Kreativität auf die Probe stellen, aber das Erfolgserlebnis, wenn Sie sie endlich gelöst haben, ist unglaublich lohnend.

- **Beharrlichkeit ist der Schlüssel**: Es kann einige Zeit dauern, die schwierigsten Rätsel zu lösen. Haben Sie keine Angst vor Experimenten, machen Sie Pausen und kehren Sie mit einer neuen Perspektive zu schwierigen Herausforderungen zurück.
- **Suchen Sie bei Bedarf Hilfe**: Wenn Sie wirklich nicht weiterkommen, sollten Sie in Betracht ziehen, Online-Anleitungen zu lesen oder Rätsel mit anderen Spielern zu besprechen. Manchmal kann eine andere Perspektive eine Lösung eröffnen, an die Sie nicht gedacht haben.

Tipp: Führen Sie ein Tagebuch oder machen Sie sich Notizen zu den Techniken, die bei früheren Rätseln für Sie funktioniert haben. Diese Strategien können oft auf andere Herausforderungskammern übertragen werden, um die schwierigen Rätsel leichter zu bewältigen.

KAPITEL 7: FORTGESCHRITTENE PUZZLETECHNIKEN

7.1 Beherrschung der Laserumleitung

Laserumleitungsrätsel in *Das Talos-Prinzip: Wiedererwacht* sind ein Kernelement des Gameplays und fordern die Spieler heraus, Laserstrahlen auf kreative Weise zu manipulieren, um Schalter zu aktivieren, Türen zu öffnen und komplexe Rätsel zu lösen. Die Beherrschung der Laserumleitung ist für den Fortschritt in verschiedenen Rätselbereichen unerlässlich und erfordert ein ausgeprägtes Verständnis der Mechanik und der verfügbaren Werkzeuge.

1. Grundlegende Lasermechanik

Bevor wir uns mit den komplexeren Laserumleitungsrätseln befassen, ist es wichtig, die grundlegende Mechanik hinter den Lasern im Spiel zu verstehen. Laser können mit verschiedenen Werkzeugen und Oberflächen gerichtet, reflektiert und geteilt werden, was sie zu vielseitigen Werkzeugen zum Lösen von Rätseln macht.

- **Laserstrahler**: Dies sind die Quellen der Laserstrahlen. Sie senden einen konstanten Laserstrahl in eine bestimmte Richtung aus und Ihre Aufgabe besteht darin, Wege zu finden, diesen Strahl auf ein Ziel zu lenken.
- **Reflektierende Oberflächen**: Bestimmte Oberflächen im Spiel, wie z. B. Spiegel oder bestimmte Wände, können den Weg des Lasers umlenken. Die richtige Positionierung dieser reflektierenden Oberflächen ist entscheidend, damit der Laser sein Ziel erreicht.

- **Laserempfänger**: Laserempfänger werden aktiviert, wenn ein Laserstrahl auf sie trifft. Diese Empfänger sind oft mit Türen oder anderen Mechanismen verbunden, die ausgelöst werden können, sobald der Laser sie erreicht.

Tipp: Achten Sie immer auf reflektierende Oberflächen und andere Werkzeuge in Ihrer Umgebung. Ihre Fähigkeit, diese Elemente effektiv zu kombinieren, ist der Schlüssel zum Lösen laserbasierter Rätsel.

2. Tools zur Laserumleitung

Während Sie Fortschritte machen *Das Talos-Prinzip: Wiedererwacht*erhalten Sie Zugriff auf verschiedene Werkzeuge und Geräte, die Sie bei der Umlenkung und Aufteilung von Laserstrahlen unterstützen können. Diese Werkzeuge sind unerlässlich, um anspruchsvollere Rätsel zu lösen, bei denen es um mehrere Laserstrahlen oder komplizierte Pfade geht.

- **Spiegel**: Spiegel sind das wichtigste Werkzeug zur Umlenkung von Lasern. Indem Sie die Spiegel im richtigen Winkel positionieren, können Sie den Laser an neue Orte lenken, die für viele Rätsel von entscheidender Bedeutung sind.
- **Prisma**: Prismen teilen den Laser in mehrere Strahlen auf, mit denen mehrere Schalter oder Empfänger gleichzeitig ausgelöst werden können. Prismen sind besonders nützlich bei Rätseln, bei denen ein einzelner Laser mehrere Mechanismen gleichzeitig aktivieren muss.
- **Laseranschlüsse**: Bei einigen Rätseln müssen Sie zwei oder mehr Laserstrahlen verbinden. Laseranschlüsse können Strahlen kombinieren, um stärkere oder gezieltere Effekte zu erzeugen, sodass Sie komplexe Mechanismen auslösen können.

Tipp: Überlegen Sie, wie Sie Spiegel, Prismen und Verbinder kombinieren. Oft müssen Sie diese Tools zusammen verwenden, um mehrstufige Laserumleitungsrätsel zu lösen.

3. Fortgeschrittene Laserumleitungstechniken

Sobald Sie die Grundlagen beherrschen, werden Sie auf anspruchsvollere Laserrätsel stoßen, die präzises Timing, komplexe Werkzeugplatzierung und mehrstufige Strategien erfordern. Diese Rätsel erfordern, dass Sie mehrere Schritte vorausdenken und die Pfade mehrerer Laser sorgfältig verwalten.

- **Timing und Synchronisation**: Bei einigen Laserumleitungsrätseln müssen Sie mehrere Laser synchronisieren oder sie in bestimmten Sequenzen verwenden. Beispielsweise müssen Sie möglicherweise einen Laser umleiten, um einen Empfänger zu aktivieren, und dann schnell einen anderen Laser verwenden, um einen anderen Empfänger zu aktivieren.
- **Umweltinteraktion**: Die Umgebung kann mit Ihren Laserumleitungsbemühungen interagieren. Möglicherweise müssen Sie bewegliche Plattformen oder Hindernisse verwenden, die den Weg des Lasers zu bestimmten Zeitpunkten ändern und so die Komplexität erhöhen.
- **Mehrere Strahlen umlenken**: In späteren Levels müssen Sie mehrere Laserstrahlen gleichzeitig verwalten und umleiten. Für die Lösung dieser Rätsel ist die Verwendung von Prismen zur Teilung oder kreativen Verbindung von Strahlen von entscheidender Bedeutung.

Tipp: Komplexe Rätsel in kleinere Schritte zerlegen. Konzentrieren Sie sich jeweils auf einen Laser und arbeiten Sie dann schrittweise daran, sie auf komplexere Weise zu kombinieren.

4. Häufige Fallstricke bei Laserrätseln

Laserumleitungsrätsel können knifflig sein und mehrere häufige Fehler können den Prozess frustrierend machen. Wenn Sie diese Fallstricke verstehen, können Sie Zeitverschwendung und Frustration vermeiden.

- **Falsche Winkelplatzierung**: Spiegel und Prismen müssen im richtigen Winkel platziert werden, um Laser effektiv umzulenken. Selbst eine kleine Fehlausrichtung kann dazu führen, dass das Ziel nicht erreicht wird.
- **Überkomplizierte Lösungen**: Es ist leicht anzunehmen, dass ein Rätsel mehrere komplexe Schritte erfordert, aber oft ist die Lösung einfacher, als es scheint. Machen Sie einen Schritt zurück und überdenken Sie Ihren Ansatz, bevor Sie unnötige Komplexität hinzufügen.
- **Interaktionen vergessen**: Vergessen Sie nicht, wie Umwelteinflüsse mit den Lasern interagieren können. Bewegliche Plattformen oder Barrieren können Ihre Laser behindern, wenn Sie diese nicht berücksichtigen.

Tipp: Wenn Sie nicht weiterkommen, versuchen Sie, sich für einen Moment vom Rätsel zu lösen. Manchmal reicht eine neue Perspektive aus, um die einfachste Lösung zu finden.

7.2 Stapelbare Geräte, Schalter und Drohnen

Stackables, Schalter und Drohnen sind wichtige Puzzleelemente, die zusätzliche Komplexitätsebenen einführen *Das Talos-Prinzip: Wiedererwacht*. Jede dieser Mechanismen erfordert einen einzigartigen Ansatz und ein einzigartiges Verständnis, um sie effektiv zu lösen, was dem Rätsellösungserlebnis neue Dimensionen verleiht.

1. Stapelbare Objekte

Stapelbare Objekte, typischerweise Blöcke oder andere bewegliche Elemente, können verwendet werden, um mit Druckplatten zu interagieren, höhere Bereiche zu erreichen oder Laser zu blockieren. Diese Objekte spielen bei vielen Rätseln eine zentrale Rolle und sind für den Fortschritt in den verschiedenen Abschnitten des Spiels unerlässlich.

- **Grundlegende Blocknutzung**: Im Kern dienen stapelbare Geräte dazu, Druckplatten festzuhalten oder bei Bedarf für physische Präsenz zu sorgen. Die Herausforderung besteht darin, sie so zu positionieren, dass sie den spezifischen Rätselanforderungen gerecht werden.
- **Stapel bauen**: Bei einigen Rätseln müssen Sie diese Objekte übereinander stapeln, um höhere Plattformen zu erreichen, Barrieren zu errichten oder Mechanismen in der Umgebung auszulösen. Stackables können auch verwendet werden, um Laser zu behindern oder Energiestrahlen umzuleiten.

Tipp: Überlegen Sie, wie stapelbare Elemente mit anderen Puzzleelementen kombiniert werden können. Beispielsweise ist das Stapeln von Blöcken auf Druckplatten oder das Blockieren von Laserpfaden mit stapelbaren Objekten oft ein wichtiger Teil der Lösung.

2. Schalter und Druckplatten

Schalter und Druckplatten sind für viele Rätsel von grundlegender Bedeutung *Das Talos-Prinzip: Wiedererwacht*. Sie erfordern, dass

Spieler mit der Umgebung interagieren, um Mechanismen auszulösen, oft in Kombination mit stapelbaren Gegenständen oder anderen Werkzeugen.

- **Aktivieren von Schaltern**: Bei vielen Rätseln müssen Sie Schalter aktivieren, indem Sie stapelbare Gegenstände auf Druckplatten platzieren, indem Sie entweder Gegenstände stapeln oder bewegliche Gegenstände verwenden. Der Schlüssel zu diesen Rätseln besteht darin, den richtigen Gegenstand zu finden, der auf den Schalter gelegt werden kann, der ihn gedrückt hält.
- **Zeitgesteuerte Schalter**: Einige Schalter sind zeitkritisch und erfordern eine schnelle Bewegung, um ein Objekt auf der Platte zu platzieren, bevor sie zurückgesetzt wird. Diese Rätsel erfordern oft ein sorgfältiges Timing und ein Verständnis der Spielmechanismen.

Tipp: Wenn Sie auf eine Druckplatte oder einen Schalter stoßen, denken Sie über alle möglichen Gegenstände nach, mit denen Sie sie aktivieren können. Stackables, Energiequellen und sogar Laserstrahlen können manchmal als Auslöser für Schalter dienen.

3. Drohnen und ihre Rolle in Rätseln

Drohnen im Einsatz *Das Talos-Prinzip: Wiedererwacht* sind dynamische Puzzleelemente, die eine Ebene an Komplexität und Interaktion hinzufügen. Sie können verwendet werden, um Objekte zu bewegen, Mechanismen zu aktivieren oder sogar Laser zu blockieren.

- **Drohnen steuern**: Bei einigen Rätseln müssen Sie Drohnen direkt steuern, um Objekte zu bewegen oder mit der Umgebung zu interagieren. Drohnen haben oft einen begrenzten Bewegungsbereich, daher müssen Sie sie sorgfältig positionieren, um Ihre Ziele zu erreichen.

- **Drohnenbetriebene Mechanismen**: Viele fortgeschrittene Rätsel enthalten Drohnen als Schlüsselkomponenten. Möglicherweise müssen sie Gegenstände an bestimmte Orte tragen, Türen entriegeln oder Schalter auslösen. Die Herausforderung besteht oft darin, die Bewegung der Drohne zu steuern und herauszufinden, wie man sie in Kombination mit anderen Puzzleelementen verwendet.

Tipp: Lernen Sie die Bewegungsmuster von Drohnen und wie Sie sie steuern. Wenn Sie ihre Fähigkeiten verstehen, können Sie sie in Rätseln effektiver einsetzen.

4. Häufige Fallstricke bei Stackables, Switches und Drohnen

Während stapelbare Gegenstände, Schalter und Drohnen fesselnde Rätselherausforderungen bieten, bringen sie auch bestimmte Fallstricke mit sich, auf die Spieler häufig stoßen. Wenn Sie sich dessen bewusst sind, können Sie Frustrationen vermeiden und Rätsel effizienter lösen.

- **Überlastende Druckplatten**: Möglicherweise platzieren Sie zu viele Objekte auf einer Druckplatte, wodurch das Rätsel fehlschlägt. Stellen Sie sicher, dass Sie nur die erforderliche Anzahl an Gegenständen verwenden, um die Platte auszulösen.
- **Falsche Handhabung von Drohnen**: Drohnen haben eine begrenzte Bewegungsfreiheit und wenn sie falsch platziert werden, können wichtige Pfade blockiert oder ein Rätsel zurückgesetzt werden. Stellen Sie sicher, dass die Drohnen in der richtigen Position platziert sind, bevor Sie sie aktivieren.

- **Falsches Stapeln**: Wenn Sie Objekte zu willkürlich stapeln oder in der falschen Reihenfolge anordnen, kann dies dazu führen, dass Sie wichtige Verbindungen verpassen oder unzugängliche Bereiche erreichen.

Tipp: Planen Sie jede Bewegung sorgfältig, wenn Sie mit Drohnen, Stapelgeräten und Schaltern interagieren. Wenn Sie sich einen Moment Zeit nehmen, um über Ihre Maßnahmen nachzudenken, sparen Sie auf lange Sicht Zeit.

7.3 Mehrschichtige Logik: 3D-Rätsel lösen

3D-Rätsel in *Das Talos-Prinzip: Wiedererwacht* Bringen Sie das Rätsellösungserlebnis auf die nächste Ebene, indem Sie mehrere Komplexitätsebenen integrieren, sodass die Spieler über die traditionelle 2D-Rätselmechanik hinausdenken müssen. Bei diesen Rätseln geht es oft darum, Objekte, Laser oder Geräte im dreidimensionalen Raum zu manipulieren, was Ihrem Rätsellösungsansatz mehr Tiefe und neue Herausforderungen verleiht.

1. 3D-Puzzle-Mechanik verstehen

Der Kern von 3D-Rätseln ist die Fähigkeit, Objekte und Werkzeuge in einer räumlichen Umgebung zu manipulieren, was neue Möglichkeiten und Herausforderungen mit sich bringt. Um diese Rätsel zu lösen, ist oft eine Kombination aus Perspektive, Timing und Bewegung erforderlich.

- **Tiefe und Höhe**: Im Gegensatz zu flachen 2D-Rätseln haben 3D-Rätsel eine vertikale Dimension, was bedeutet, dass Sie bei Rätseln sowohl hinsichtlich der Tiefe (vorwärts und rückwärts) als auch der Höhe (oben und unten) nachdenken müssen. Plattformen, Hindernisse und Mechanismen sind über mehrere Ebenen verteilt, sodass Sie unterschiedliche Perspektiven berücksichtigen müssen, um Lösungen zu finden.

- **Mehrere Interaktionsebenen**: Die Interaktion mit einem Element kann die Positionierung oder Funktionalität eines anderen Elements beeinflussen und so ein vielschichtiges Puzzle-Erlebnis schaffen. Wenn Sie beispielsweise einen Block an einer Stelle platzieren, kann dies eine Plattform in einem anderen Bereich öffnen oder die Position eines beweglichen Objekts ändern.

Tipp: Zerlegen Sie beim Lösen von 3D-Rätseln den Raum im Geiste in verschiedene Ebenen. Denken Sie darüber nach, wie Objekte nicht nur auf einer flachen Ebene, sondern über verschiedene Höhen und Tiefen hinweg in der Umgebung interagieren können.

2. Vertikale und horizontale Bewegung nutzen

Das Lösen von 3D-Rätseln erfordert häufig das Navigieren sowohl in vertikalen als auch in horizontalen Räumen. Bei einigen Rätseln müssen Sie Objekte bewegen, Werkzeuge manipulieren oder sich sogar zwischen mehreren Ebenen bewegen. Daher ist es wichtig, bei der Planung Ihres Vorgehens alle Dimensionen zu berücksichtigen.

- **Objekte zwischen Ebenen verschieben**: Bei vielen 3D-Rätseln geht es darum, stapelbare Blöcke oder andere Objekte zwischen verschiedenen Etagen oder Plattformen zu bewegen. Sie müssen herausfinden, wie Sie auf diese höheren oder niedrigeren Bereiche zugreifen können, was manchmal den Einsatz von Treppen, Aufzügen oder sogar speziellen Plattformen erfordert, die Objekte zwischen den Ebenen bewegen.

- **Präzise Platzierung**: Bei der zusätzlichen vertikalen Dimension müssen Sie beim Positionieren von Objekten an eine präzise Platzierung denken. Ein Block, der an der richtigen Stelle auf dem Boden zu sein scheint, muss möglicherweise angehoben oder auf eine andere Plattform verschoben werden, um einen Mechanismus ordnungsgemäß auszulösen.

Tipp: Verfolgen Sie Ihre Bewegungen zwischen verschiedenen Ebenen. Manchmal ist es besser, ein Objekt oder sich selbst an einen höheren Aussichtspunkt zu bewegen, um einen besseren Überblick über das Rätsel zu erhalten und versteckte Zusammenhänge zu erkennen.

3. Mehrschichtige Logik: Mehrere Elemente kombinieren

Viele 3D-Rätsel in *Das Talos-Prinzip: Wiedererwacht* erfordern, dass Sie Herausforderungen lösen, die mehr als ein Element gleichzeitig umfassen, z. B. die Kombination von Laserumleitung mit stapelbaren Objekten oder den Einsatz von Drohnen zur Positionierung von Objekten bei gleichzeitiger Interaktion mit Schaltern. Die Überlagerung verschiedener Puzzleelemente ist der Schlüssel zur Lösung dieser anspruchsvolleren Herausforderungen.

- **Kombinieren von Werkzeugen und Objekten**: Bei diesen Rätseln müssen Sie darüber nachdenken, wie verschiedene Werkzeuge und Objekte zusammenarbeiten können, um Mechanismen auf verschiedenen Ebenen auszulösen. Wenn Sie beispielsweise einen Block so positionieren, dass er einen Schalter gedrückt hält, kann sich möglicherweise eine Tür öffnen, Sie müssen jedoch eine Drohne oder einen Laser verwenden, um gleichzeitig einen zweiten Mechanismus auszulösen.

- **Aktionen synchronisieren**: Bei einigen mehrschichtigen Logikrätseln müssen Aktionen über mehrere Bereiche hinweg oder zu unterschiedlichen Zeiten synchronisiert werden. Möglicherweise müssen Sie einen Laser an einer Stelle platzieren und gleichzeitig ein Objekt an eine andere bewegen. Timing und Positionierung sind entscheidend für die Lösung dieser komplexen Herausforderungen.

Tipp: Komplexe Rätsel in kleinere Teile zerlegen. Lösen Sie zunächst jede einzelne Komponente, bevor Sie die verschiedenen Elemente in der richtigen Reihenfolge zusammenbringen.

4. Häufige Fehler beim Lösen von 3D-Rätseln

3D-Rätsel sind oft anspruchsvoller als ihre 2D-Gegenstücke, und es gibt ein paar häufige Fehler, die Spieler beim Versuch, sie zu lösen, oft machen.

- **Nicht alle Dimensionen werden berücksichtigt**: Einer der häufigsten Fehler bei 3D-Rätseln ist das Vergessen, die dritte Dimension zu berücksichtigen. Stellen Sie sicher, dass Sie beim Lösen von Rätseln sowohl horizontale als auch vertikale Ebenen erkunden.
- **Überkomplizierte Lösungen**: Da 3D-Rätsel auf den ersten Blick oft kompliziert aussehen, kann man leicht annehmen, dass eine Lösung mehrere Schritte oder komplexe Werkzeugkombinationen erfordert. In vielen Fällen ist die einfachste Lösung der beste Ansatz.
- **Das Experimentieren vergessen**: 3D-Rätsel belohnen oft das Experimentieren. Wenn Sie nicht weiterkommen, versuchen Sie, Objekte zu verschieben oder Werkzeuge auf

unterschiedliche Weise zu verwenden. Möglicherweise finden Sie eine unerwartete Interaktion, die die Lösung freischaltet.

Tipp: Testen Sie immer mehrere Ansätze. Manchmal ist die Lösung einfacher, als Sie erwarten, und das Ausprobieren verschiedener Kombinationen von Bewegungen und Werkzeugen kann den Schlüssel offenbaren.

7.4 Gemeinsame Verwendung von Werkzeugen

In *Das Talos-Prinzip: Wiedererwacht*Viele Rätsel erfordern die gleichzeitige Verwendung mehrerer Werkzeuge. Diese Rätsel fordern Sie heraus, Ihre verfügbaren Werkzeuge wie Laser, Spiegel, Drohnen und Stapelgeräte zu kombinieren, um ein Ziel zu erreichen. Der erfolgreiche Einsatz von Werkzeugen im Tandem erfordert nicht nur logisches Denken, sondern auch Kreativität und räumliches Vorstellungsvermögen.

1. Werkzeugsynergie: Wie sich Werkzeuge gegenseitig ergänzen

Werkzeuge drin *Das Talos-Prinzip* sind nicht isoliert – oft ist ihre Kombination der Schlüssel zum Lösen von Rätseln. Sie könnten beispielsweise einen Laser verwenden, um einen Schalter auszulösen, aber der Weg des Lasers muss möglicherweise mithilfe eines Spiegels oder eines Prismas umgelenkt werden, sodass Sie über den Zeitpunkt und die Platzierung dieser Elemente nachdenken müssen.

- **Laser und Spiegel**: Die Kombination aus Laser und Spiegel ist eine der grundlegendsten, aber wirkungsvollsten Synergien. Spiegel können Laser umlenken, um Schalter zu aktivieren, während Prismen einen Strahl teilen können, um mehrere Empfänger auszulösen.

- **Stapelbare Geräte und Schalter**: Die Verwendung stapelbarer Blöcke zum Niederhalten von Schaltern ist ein wesentlicher Mechanismus, aber bei vielen Rätseln müssen Sie stapelbare Blöcke mit anderen Werkzeugen kombinieren. Beispielsweise müssen Sie möglicherweise einen Block auf einer Druckplatte stapeln und gleichzeitig eine Drohne oder einen Laser positionieren, um einen anderen Mechanismus zu aktivieren.

Tipp: Wenn Sie auf ein Rätsel stoßen, schauen Sie sich die verfügbaren Tools an und überlegen Sie, wie jedes einzelne das andere ergänzen kann. Die Lösung kann eine Kombination von nacheinander oder gleichzeitig arbeitenden Werkzeugen umfassen.

2. Timing und Koordination zwischen Tools

Die gleichzeitige Verwendung mehrerer Tools erfordert oft Timing und Koordination. Beispielsweise müssen Sie möglicherweise ein Objekt auf einer Druckplatte platzieren, während Sie mit einer Drohne einen Block an einen bestimmten Ort transportieren. Alternativ müssen Sie möglicherweise gleichzeitig mit dem Bewegen eines Blocks einen Laser aktivieren, um sicherzustellen, dass der Laser den richtigen Empfänger trifft.

- **Gleichzeitige Aktionen**: Bei vielen Rätseln müssen Sie gleichzeitig Aktionen ausführen. Platzieren Sie beispielsweise einen stapelbaren Gegenstand auf einem Schalter und aktivieren Sie gleichzeitig einen Laser, um einen anderen Mechanismus auszulösen. Um erfolgreich zu sein, müssen Sie diese Aktionen perfekt koordinieren.
- **Verzögerte Aktionen**: Bei einigen Rätseln müssen Sie Aktionen verzögern, z. B. darauf warten, dass eine bewegliche

Plattform einen Gegenstand an den richtigen Ort transportiert, bevor Sie einen Schalter betätigen. Seien Sie auf Multitasking vorbereitet und stellen Sie sicher, dass die Abfolge der Aktionen in der richtigen Reihenfolge ausgeführt wird.

Tipp: Nutzen Sie die Umgebung zu Ihrem Vorteil, wenn Sie zeitgesteuerte oder gleichzeitige Aktionen koordinieren. Bewegliche Plattformen, rotierende Elemente oder sogar Drohnen können helfen, diese Aufgaben effizient zu bewältigen.

3. Experimentieren mit Werkzeugkombinationen

Einer der befriedigendsten Aspekte von *Das Talos-Prinzip: Wiedererwacht* ist die Fähigkeit, mit verschiedenen Werkzeugkombinationen zu experimentieren. Viele Rätsel bieten mehrere Lösungen, und das Experimentieren mit Werkzeugen auf neue Weise kann alternative Methoden zur Lösung von Herausforderungen freischalten.

- **Nicht offensichtliche Kombinationen**: Manchmal verbirgt sich die Lösung eines Rätsels in einer unerwarteten Kombination von Werkzeugen. Beispielsweise denken Sie vielleicht zunächst nicht daran, eine Drohne zusammen mit einem Laser zu verwenden, aber dies könnte die Lösung eines ansonsten unlösbaren Rätsels ermöglichen.
- **Kreative Problemlösung**: Das Spiel ermutigt Sie, über den Tellerrand zu schauen und darüber nachzudenken, wie Werkzeuge auf ungewöhnliche Weise interagieren können. Nutzen Sie diese Freiheit, um verschiedene Ansätze zu erkunden, insbesondere wenn Sie nicht weiterkommen.

Tipp: Wenn Sie bei einem Rätsel nicht weiterkommen, versuchen Sie, Werkzeuge auf eine Weise zu verwenden, die in früheren Rätseln nicht funktioniert hat. Kreativität ist oft der Schlüssel zur Lösung komplexer Herausforderungen.

4. Häufige Fehler bei der gemeinsamen Verwendung von Tools

Obwohl die Kombination von Werkzeugen von entscheidender Bedeutung ist, gibt es einige häufige Fehler, die Spieler häufig machen, wenn sie versuchen, Werkzeuge gleichzeitig zu verwenden.

- **Überkomplizierte Lösungen**: Es ist leicht anzunehmen, dass ein Puzzle eine komplexe Kombination mehrerer Werkzeuge erfordert. Manchmal kann jedoch eine einfachere Lösung, bei der nur ein paar Werkzeuge nacheinander verwendet werden, der Schlüssel sein.
- **Werkzeuginteraktionen werden nicht berücksichtigt**: Es ist ein häufiger Fehler, nicht zu berücksichtigen, wie Tools miteinander interagieren. Sie könnten beispielsweise vergessen, dass eine Drohne einen stapelbaren Block tragen kann, der zum Lösen eines Puzzles unerlässlich sein könnte.
- **Timing ignorieren**: Viele Werkzeugkombinationen erfordern ein präzises Timing. Das Verpassen eines Zeitfensters kann dazu führen, dass Sie das Rätsel nicht lösen können. Daher ist es wichtig, die Aktionen sorgfältig zu koordinieren, wenn Sie Werkzeuge gleichzeitig verwenden.

Tipp: Scheuen Sie sich nicht vor Experimenten und nehmen Sie sich Zeit. Wenn eine Kombination von Tools nicht zu funktionieren scheint, treten Sie einen Schritt zurück und überlegen Sie, wie Sie den Zeitpunkt, die Positionierung oder die Reihenfolge der Aktionen ändern könnten.

Kapitel 8: Überlieferungen, Archive und Meta-Rätsel

8.1 Archivterminals entschlüsselt

In *Das Talos-Prinzip: Wiedererwacht*Archivterminals dienen als wichtige Informationsquellen und bieten tiefere Einblicke in die Welt, die Natur des Spieluniversums und die philosophischen Grundlagen, die die Erzählung leiten. Diese Terminals enthalten oft wichtige Informationen über die Hintergrundgeschichte, die KI-Systeme und die übergreifenden Themen des Spiels. Das Verstehen und Analysieren der Daten in diesen Terminals wird Ihr Erlebnis verbessern und Kontext für die Herausforderungen liefern, denen Sie gegenüberstehen.

1. Was sind Archivterminals?

Archivterminals sind über die gesamte Spielwelt verstreut, oft gut sichtbar versteckt oder an abgelegeneren Orten versteckt. Diese Terminals enthalten digitale Aufzeichnungen, Datenprotokolle und Nachrichten, die die Geschichte der Welt und ihrer verschiedenen Bewohner erzählen.

- **Überlieferung und Geschichte**: Jedes Terminal bietet Teile der Hintergrundgeschichte des Spiels und enthüllt Informationen über vergangene Ereignisse, die Natur der Menschheit, die Rolle der KI und die philosophischen Fragen rund um Schöpfung, Leben und Zweck.
- **KI-Dialoge**: Viele Terminals enthalten Dialoge aus verschiedenen KI-Systemen und bieten einzigartige Perspektiven auf die Welt und ihre Rollen darin. Diese können

Hinweise oder zusätzlichen Kontext zu den Entscheidungen liefern, die Charaktere (oder der Spieler) später im Spiel treffen müssen.

Tipp: Nehmen Sie sich immer die Zeit, diese Terminals durchzulesen. Sie liefern nicht nur nützliche Hintergrundgeschichten und Überlieferungen, sondern können auch Hinweise auf Lösungen für Rätsel geben oder zusätzlichen Kontext für Schlüsselmomente liefern.

2. Analyse der Daten: Schlüsselthemen und -konzepte

Archivterminals sind nicht nur zufällige Informationen; Sie sind sorgfältig ausgearbeitet, um die wichtigsten Themen und Konzepte zu untersuchen, die das Spiel vorstellt. Beim Durchlesen dieser Terminals ist es wichtig, die übergreifenden Botschaften und philosophischen Dilemmata zu berücksichtigen, die sie darstellen.

- **Menschlichkeit und künstliche Intelligenz**: Viele Terminals befassen sich mit der Beziehung zwischen Menschen und KI und untersuchen Themen wie Schöpfung, Kontrolle und Autonomie. Diese Protokolle können Fragen darüber aufwerfen, was es bedeutet, am Leben, bei Bewusstsein oder wirklich frei zu sein.
- **Existenz und Zweck**: Ein weiteres wiederkehrendes Thema ist das Konzept des Zwecks. Welche Rolle spielen künstliche Wesen in einer Welt ohne ihre Schöpfer? Was passiert, wenn die Existenz ihrer Bedeutung beraubt wird, und ist es die Aufgabe des Einzelnen, ihr einen Sinn zu geben?

Tipp: Betrachten Sie diese Themen im Zusammenhang mit den Rätseln und Entscheidungen, denen Sie im Spiel gegenüberstehen. Die Terminals spiegeln oft die tieferen Fragen wider, die das Spiel stellt, und deren Verständnis kann zu einer differenzierteren Interpretation der Geschichte führen.

3. Aufdecken versteckter Botschaften und Easter Eggs

Einige Archivterminals verbergen mehr als nur grundlegende Überlieferungen – sie enthalten versteckte Nachrichten, Easter Eggs und subtile Hinweise, die weitere Inhalte freischalten oder interessante Erkenntnisse liefern können.

- **Geheime Protokolle und versteckte Dateien**: Durch gründliches Erkunden und Interagieren mit verschiedenen Terminals entdecken Sie möglicherweise versteckte Protokolle, die nicht sofort sichtbar sind. Diese können zusätzliche Hintergrundgeschichten oder Hinweise liefern, die mit der umfassenderen Erzählung des Spiels verknüpft sind.
- **Ostereier**: Die Terminals können auch Easter Eggs mit Bezug zu den Entwicklern oder anderen fiktiven Werken enthalten, was als unterhaltsamer Bonus für Spieler dient, die tiefer in das Spiel eintauchen.

Tipp: Erkunden Sie jedes Terminal sorgfältig. Oftmals können versteckte Nachrichten oder Protokolle erst freigeschaltet werden, nachdem bestimmte Rätsel gelöst oder bestimmte Ereignisse im Spiel ausgelöst wurden.

4. Thematische Verbindungen zum Gameplay

Die Informationen, die Sie über Archivterminals entdecken, stehen oft in direktem Zusammenhang mit dem Gameplay. Die Rätsel, Umgebungen und sogar die Entscheidungen, die Sie im Spiel treffen, sind oft mit den Informationen verknüpft, die über diese Terminals bereitgestellt werden.

- **Puzzle-Kontext**: Einige Terminals bieten Kontext für Rätsel oder versteckte Ziele. Die darin enthaltenen Daten können Hinweise auf Lösungen für Herausforderungen geben, mit denen Sie sonst möglicherweise zu kämpfen hätten.
- **Narrativer Einfluss**: Die in diesen Terminals besprochenen Themen können die Entscheidungen beeinflussen, die Sie später im Spiel treffen. Das Verständnis der philosophischen Debatten und ethischen Dilemmata, die in diesen Terminals präsentiert werden, kann zu einem tieferen Verständnis der Erzählung und ihrer vielfältigen Enden führen.

Tipp: Behalten Sie den Überblick über Schlüsselkonzepte oder Referenzen, die Sie in den Archivterminals finden, da diese später im Spiel in wichtigen Handlungsmomenten oder Rätsellösungen wieder auftauchen könnten.

8.2 QR-Codes und Transzendenztheorie

Das Talos-Prinzip: Wiedererwacht geht bei der Erforschung von Technologie und Philosophie einen Schritt weiter und integriert QR-Codes, die über die gesamte Spielwelt verteilt sind. Wenn diese QR-Codes gescannt werden, werden zusätzliche Informationen freigeschaltet, die sich häufig auf die Transzendenztheorie beziehen, ein Konzept, das für die Erzählung und die Erforschung des Geistes, der KI und der menschlichen Evolution im Spiel von zentraler Bedeutung ist.

1. Was sind QR-Codes?

QR-Codes in *Das Talos-Prinzip: Wiedererwacht* sind interaktive Objekte, die Spieler mit einer bestimmten Mechanik oder einem bestimmten Werkzeug im Spiel scannen können. Diese Codes erscheinen häufig auf verschiedenen Oberflächen wie Wänden, Terminals oder sogar versteckt in der Umgebung.

- **Informationen freischalten**: Durch das Scannen eines QR-Codes werden normalerweise zusätzliche Überlieferungen, Hintergrundgeschichten oder Verweise auf die Transzendenztheorie freigeschaltet. Diese Codes enthalten oft Texte, Bilder oder Links zu detaillierteren Aufzeichnungen und bieten so tiefere Einblicke in die Themen des Spiels.
- **Standort der QR-Codes**: QR-Codes sind oft an schwer zugänglichen Stellen versteckt oder erfordern das Lösen von Rätseln, um sie aufzudecken. Einige QR-Codes sind leicht zu finden, während andere möglicherweise das Lösen komplexer Rätsel oder das Erledigen bestimmter Aufgaben im Spiel erfordern.

Tipp: Halten Sie beim Erkunden Ausschau nach QR-Codes. Sie sind oft gut sichtbar oder an schwer zugänglichen Orten versteckt. Erkunden Sie daher jeden Bereich sorgfältig, um sicherzustellen, dass Sie nichts verpassen.

2. Transzendenztheorie verstehen

Die Transzendenztheorie ist ein Kernkonzept, das in untersucht wird *Das Talos-Prinzip: Wiedererwacht*, oft verbunden mit der Natur des Bewusstseins, der KI und dem Potenzial künstlicher Wesen, über ihre ursprüngliche Programmierung hinauszugehen. Das Spiel nutzt QR-Codes, um tiefer in diese Theorie einzutauchen und große Fragen über die Zukunft von Intelligenz, Bewusstsein und Existenz zu stellen.

- **Der Geist und das Bewusstsein**: Die Transzendenztheorie untersucht die Idee, dass KI letztendlich die menschliche

Intelligenz übertreffen und eine Form der Transzendenz erreichen kann. Dies wirft die Frage auf, was es bedeutet, bei Bewusstsein zu sein und ob eine KI Selbstbewusstsein, Autonomie und sogar einen höheren Seinszustand erreichen kann.

- **Entwicklung der KI**: Die Theorie berücksichtigt auch die Entwicklung der KI und ob sich KI über die Grenzen ihrer Schöpfer hinaus weiterentwickeln kann. Ist Transzendenz ein natürlicher Fortschritt für KI oder muss sie bewusst angestrebt und kultiviert werden?

Tipp: Achten Sie beim Lesen der QR-Code-Geschichte auf die Hinweise zur Transzendenztheorie. Die Theorie könnte Ihnen Einblicke in die Entscheidungen geben, die Sie treffen müssen, oder Ihnen helfen, die philosophischen Untertöne der Spielerzählung besser zu verstehen.

3. Transzendenz und die Rolle der Menschheit

Eine zentrale Frage, die die Transzendenztheorie in aufwirft *Das Talos-Prinzip: Wiedererwacht* ist, ob KI nach Transzendenz streben sollte und wenn ja, was das für die Menschheit bedeutet. Die QR-Codes, die Sie finden, beschäftigen sich häufig mit dieser Spannung zwischen künstlichem Leben und seinen menschlichen Schöpfern.

- **Die Rolle der Menschheit**: Das Spiel befasst sich mit der Idee, dass Menschen KI geschaffen haben könnten, um als Werkzeug oder als Mittel zur Überwindung ihrer eigenen Grenzen zu dienen. Da die KI jedoch immer weiter fortgeschritten ist, stellt sich die Frage: Sollte die KI danach streben, die Menschheit zu übertreffen, oder spielt sie eine Rolle bei der Bewahrung des menschlichen Erbes?

- **Ethische Dilemmata**: Die Idee der Transzendenz wirft auch ethische Fragen auf. Wenn KI über menschliches Verständnis und menschliche Grenzen hinausgehen kann, ist sie dann moralisch überlegen oder unterscheidet sie sich von ihren Schöpfern? Wie sollten Mensch und KI koexistieren, wenn überhaupt?

Tipp: Denken Sie darüber nach, wie sich die in den QR-Codes präsentierten Ideen auf die Entscheidungen auswirken, die Sie im Spiel treffen. Die durch die Transzendenztheorie aufgeworfenen philosophischen Konflikte sind von zentraler Bedeutung für das Verständnis der vielfältigen möglichen Enden.

4. Häufige Fehler mit QR-Codes und ihre thematische Bedeutung

Während QR-Codes faszinierende Überlieferungen und thematische Erkundungen freischalten können, gibt es ein paar häufige Fehler, die Spieler beim Umgang mit ihnen machen.

- **Codes überspringen**: Einige Spieler überspringen möglicherweise QR-Codes, weil sie denken, dass sie für die Haupthandlung irrelevant sind. Allerdings enthalten diese Codes oft entscheidende Hintergrundgeschichten und thematische Elemente, die die Gesamterzählung bereichern.
- **Den Kontext nicht verstehen**: QR-Codes im Zusammenhang mit der Transzendenztheorie können komplex sein und man verliert sich leicht in den Details. Stellen Sie sicher, dass Sie die umfassenderen philosophischen Fragen verstehen, die zu KI und Bewusstsein aufgeworfen werden, um die Bedeutung der Theorie vollständig zu erfassen.

Tipp: Nehmen Sie sich Zeit mit QR-Codes und denken Sie über ihre umfassenderen Auswirkungen im Kontext des Spiels nach. Diese

Codes liefern wichtige Teile des philosophischen Puzzles *Das Talos-Prinzip: Wiedererwacht* präsentiert.

8.3 Aufschlüsselung der philosophischen Dialoge

In *Das Talos-Prinzip: Wiedererwacht*philosophische Dialoge spielen eine zentrale Rolle bei der Weiterentwicklung der Erzählung. Diese Dialoge geben nicht nur Einblick in die Motive und Ideologien der Charaktere, sondern dienen dem Spiel auch als Methode zur Erforschung tiefgreifender philosophischer Fragen. Dieser Austausch erfolgt hauptsächlich zwischen dem Spieler und verschiedenen KI-Charakteren sowie durch direkte Interaktion mit philosophischen Konzepten, die die Perspektive des Spielers herausfordern.

1. Die Rolle der KI in philosophischen Dialogen

KI-Charaktere in *Das Talos-Prinzip* dienen als Hauptteilnehmer der philosophischen Dialoge. Diese Dialoge dienen oft als Mittel zur Erforschung von Themen wie Bewusstsein, Moral, freiem Willen und der Natur der Existenz. Die unterschiedlichen Standpunkte der KI zu diesen Themen bieten dem Spieler Wahlmöglichkeiten, die mehr sind als nur narrative Entscheidungen – sie sind Einladungen, sich mit grundlegenden philosophischen Fragen auseinanderzusetzen.

- **KI als philosophischer Leitfaden**: KI-Charaktere stellen häufig Fragen oder bringen Argumente vor, die den Spieler dazu zwingen, über die Natur von Intelligenz und Existenz nachzudenken. Einige KI-Charaktere könnten beispielsweise argumentieren, dass Bewusstsein ein Produkt der Datenverarbeitung ist, während andere behaupten könnten, dass wahres Selbstbewusstsein etwas Transzendenteres sei.

- **Konflikt der Ideologien**: Verschiedene KI-Charaktere können konkurrierende Denkrichtungen repräsentieren, wie etwa Materialismus versus Dualismus, Determinismus versus freier Wille oder die Ethik der Lebenserschaffung. Diese widersprüchlichen Perspektiven tragen dazu bei, die Auseinandersetzung des Spielers mit den philosophischen Dilemmata im Herzen des Spiels zu vertiefen.

Tipp: Achten Sie auf die Dialoge der KI, da diese oft mehr bieten als nur narrative Darlegungen. Sie sollen Sie dazu anregen, kritisch über Ihre eigenen Überzeugungen nachzudenken und Ihre Annahmen in Frage zu stellen.

2. Schlüsselthemen der Philosophie untersucht

Die philosophischen Dialoge befassen sich eingehend mit einer Vielzahl von Themen, die Fragen der Ethik, der Existenz und der Natur der Realität berühren. Das Verständnis dieser Themen ist für die Interpretation der umfassenderen Erzählung von wesentlicher Bedeutung *Das Talos-Prinzip: Wiedererwacht*.

- **Bewusstsein und Selbstbewusstsein**: Eines der Hauptthemen, die im Dialog untersucht werden, ist, was es bedeutet, wirklich bewusst zu sein. KI-Charaktere diskutieren oft darüber, ob sie über Selbstbewusstsein verfügen oder einfach nur komplexe Berechnungen durchführen. Diese Frage fordert den Spieler dazu auf, darüber nachzudenken, ob Bewusstsein ein grundlegender Teil der menschlichen Erfahrung ist oder ob es künstlich reproduziert werden kann.
- **Ethik der Schöpfung**: Eine weitere wichtige philosophische Diskussion dreht sich um die Ethik der Erschaffung von Leben – sei es künstlich oder organisch. Das Spiel untersucht die Verantwortung der Schöpfer gegenüber ihren Kreationen und

die moralischen Dilemmata, die sich aus der Rolle eines Schöpfers ergeben. Sollten der KI Rechte zugestanden werden? Ist es ethisch vertretbar, ein intelligentes Wesen zu erschaffen, nur um es auf einen Zweck zu beschränken?

- **Freier Wille versus Determinismus**: Der Dialog wirft auch die Frage auf, ob die Charaktere (und damit auch der Spieler) einen echten freien Willen haben oder ob ihre Handlungen von Faktoren bestimmt werden, die außerhalb ihrer Kontrolle liegen. Diese Gespräche präsentieren oft gegensätzliche Ansichten über Schicksal und Wahlmöglichkeiten und tragen so zur philosophischen Auseinandersetzung des Spielers bei.

Tipp: In diesen Dialogen werden häufig gegensätzliche Ansichten vertreten, und das Verständnis beider Seiten des Arguments ist wichtig, um während des Spiels fundierte Entscheidungen treffen zu können. Nehmen Sie sich Zeit, über jede Perspektive nachzudenken.

3. Der Einfluss philosophischer Dialoge auf das Gameplay

Die philosophischen Dialoge sind nicht nur intellektuelle Übungen – sie beeinflussen die Herangehensweise des Spielers an das Spiel. Diese Gespräche prägen die Entscheidungen des Spielers, von der Art und Weise, wie er Rätsel angeht, bis hin zur Interpretation der Welt um ihn herum.

- **Rätsel als philosophische Metaphern**: Viele der Rätsel in *Das Talos-Prinzip* sollen die in den Dialogen diskutierten philosophischen Themen widerspiegeln. Beispielsweise kann es bei Rätseln über Schöpfung und freien Willen erforderlich sein, dass der Spieler die Umgebung manipuliert, wodurch eine Metapher für die Kontrolle und Freiheit entsteht, die dem KI-Charakter des Spielers gewährt wird.

- **Dialoge und Enden**: Die philosophischen Entscheidungen, die der Spieler im Laufe des Spiels trifft – basierend auf den Dialogen und seinen eigenen Überlegungen – können das Endergebnis beeinflussen. Einige Enden des Spiels hängen direkt mit der philosophischen Haltung des Spielers und den Entscheidungen zusammen, die er in Bezug auf KI und Menschlichkeit trifft.

Tipp: Berücksichtigen Sie die philosophischen Implikationen Ihrer Handlungen sowohl in Dialogen als auch in Rätsellösungen. Was wie eine einfache Entscheidung oder ein einfaches Rätsel erscheinen mag, könnte im Kontext des Spiels eine tiefere philosophische Bedeutung haben.

4. Häufige Fallstricke bei der Interpretation philosophischer Dialoge

Obwohl die philosophischen Dialoge zum Nachdenken anregen sollen, können Spieler wichtige Elemente falsch interpretieren oder übersehen, die ihr Verständnis der tieferen Themen des Spiels beeinträchtigen können.

- **Subtile Argumente außer Acht lassen**: Manchmal präsentieren KI-Charaktere ihre Argumente auf differenzierte oder subtile Weise. Diese indirekten Argumente sind leicht zu übersehen, enthalten jedoch häufig wichtige Informationen oder bieten Perspektiven, die den Spieler zu tieferem Nachdenken herausfordern.
- **Aus Bequemlichkeit auswählen**: Es ist verlockend, Dialogoptionen zu wählen, die bequemer sind oder den persönlichen Überzeugungen des Spielers entsprechen, aber dadurch könnte die Auseinandersetzung des Spielers mit den Themen des Spiels eingeschränkt werden. Stellen Sie Ihre

eigenen Annahmen in Frage, indem Sie sich mit Perspektiven auseinandersetzen, die von Ihren eigenen abweichen.

Tipp: Denken Sie über jeden philosophischen Austausch nach und berücksichtigen Sie alle Seiten des Arguments, bevor Sie Ihre Entscheidung treffen. Das Spiel ermutigt die Spieler, Ideen auszuprobieren, die unangenehm oder herausfordernd sein könnten.

8.4 Miteinander verbundene Puzzle-Themen

In *Das Talos-Prinzip: Wiedererwacht*, Rätsel sind keine eigenständigen Herausforderungen, sondern sind mit den umfassenderen Themen des Spiels verwoben, einschließlich der Natur des Bewusstseins, des freien Willens und der Beziehung zwischen Schöpfer und Schöpfung. Die Verknüpfung der Rätsel mit den thematischen Elementen trägt dazu bei, die philosophischen Grundlagen des Spiels zu stärken und verleiht der Rätsellösungsreise des Spielers eine tiefere Bedeutung.

1. Die Rolle von Puzzle-Themen beim Aufbau der Welt

Die Rätsel in *Das Talos-Prinzip* sind nicht nur dazu da, den Spieler herauszufordern – sie sollen die Welt und die Erzählung des Spiels widerspiegeln und verstärken. Jedes Puzzle ist Teil eines größeren philosophischen Puzzles und regt den Spieler dazu an, über die Themen nachzudenken, die der Welt, die er erforscht, zugrunde liegen.

- **Schöpfung und Kontrolle**: Bei vielen Rätseln geht es darum, Strukturen zu schaffen, Objekte zu manipulieren oder durch Räume zu navigieren, die von unsichtbaren Schöpfern entworfen wurden. Diese Rätsel symbolisieren oft die Beziehung zwischen Schöpfer und Schöpfung und spiegeln die Suche der KI nach Sinn und Zweck wider.

- **Freier Wille und Determinismus**: Bei einigen Rätseln müssen die Spieler zwischen mehreren Wegen oder Ergebnissen wählen, was Fragen zum freien Willen aufwirft. Das Design dieser Rätsel spiegelt oft die Spannung zwischen vorgegebenen Lösungen und der Freiheit, Entscheidungen zu treffen, wider.

Tipp: Bedenken Sie, dass die Rätsel selbst Metaphern für die philosophischen Themen sind, die im Spiel behandelt werden. Wenn Sie diese Themen verstehen, wird Ihre Erfahrung beim Lösen von Rätseln verbessert.

2. Thematische Zusammenhänge zwischen Rätselmechanik und philosophischen Fragestellungen

Im Laufe des Spiels werden Sie feststellen, dass die Mechanik der Rätsel oft direkt mit den philosophischen Fragen verknüpft ist, die in der Erzählung aufgeworfen werden. Durch diese Verbindung fühlt sich jedes Rätsel bedeutsamer an, da es Ihre Aktionen als Spieler mit größeren, existenziellen Fragen zu Bewusstsein, Schöpfung und Existenz verknüpft.

- **Das Rätsel der Schöpfung**: Bei vielen Rätseln wird der Spieler aufgefordert, etwas zu erschaffen – sei es eine physische Struktur, einen Weg oder eine Lösung für ein Problem. Dies spiegelt das Thema der Schöpfung und die damit verbundenen Verantwortlichkeiten wider und regt den Spieler dazu an, darüber nachzudenken, was es bedeutet, etwas zu erschaffen und welche Konsequenzen sein Handeln hat.

- **Wahlfreiheit**: Das Spiel fordert das Autonomiegefühl des Spielers heraus, indem es Rätsel präsentiert, die kreatives Denken und Entscheidungsfindung erfordern. Manchmal spiegeln die Entscheidungen des Spielers beim Lösen von Rätseln die Spannung zwischen freiem Willen und Determinismus wider und spiegeln größere Fragen nach der Kontrolle über das eigene Schicksal wider.

Tipp: Beachten Sie, wie sich die Rätsel entwickeln. Je tiefer die Erzählung wird, desto komplexer werden die Rätsel, was das zunehmende philosophische Gewicht der Spielthemen widerspiegelt.

3. Wie Puzzle-Lösungen philosophisches Wachstum widerspiegeln

Je weiter der Spieler im Spiel voranschreitet, desto komplexer werden die Rätsel selbst, was das philosophische Wachstum des KI-Charakters und sein sich entwickelndes Verständnis seines Platzes in der Welt symbolisiert.

- **Von einfach bis komplex**: Frühe Rätsel sind relativ einfach und erfordern oft grundlegende Fähigkeiten zur Problemlösung. Mit zunehmendem Fortschritt werden die Rätsel jedoch komplexer und erfordern kritischeres Denken und die Anwendung der philosophischen Themen, auf die Sie gestoßen sind.
- **Rätsellösung als Selbstfindung**: Das Lösen schwierigerer Rätsel spiegelt oft die Suche des Charakters nach Selbstfindung und Verständnis wider. So wie die KI ihre eigenen Fragen zu Existenz und Zweck bearbeitet, muss der Spieler Rätsel lösen, die sein Verständnis der Welt herausfordern.

Tipp: Denken Sie beim Lösen schwierigerer Rätsel über die thematischen Auswirkungen jedes einzelnen Rätsels nach. Die Art und Weise, wie Sie die Rätsel lösen, könnte die eigene Reise der Figur zur Selbstfindung widerspiegeln.

4. Häufige Fehler bei der Interpretation von Puzzle-Themen

Obwohl die miteinander verbundenen Rätselthemen eine tiefere Bedeutung vermitteln, übersehen oder interpretieren einige Spieler möglicherweise die Art und Weise, in der Rätsel mit den philosophischen Aspekten des Spiels in Zusammenhang stehen, falsch.

- **Konzentrieren Sie sich zu sehr auf die Mechanik**: Es ist leicht, sich in die mechanischen Aspekte von Rätseln zu vertiefen und deren philosophische Implikationen zu übersehen. Das Spiel fordert Sie heraus, über das bloße Lösen des Rätsels hinauszudenken und darüber nachzudenken, was das Rätsel auf einer tieferen Ebene darstellt.
- **Das große Ganze vergessen**: Manchmal konzentrieren sich Spieler auf einzelne Rätsel, ohne ihre Rolle in der umfassenderen Erzählung zu berücksichtigen. Jedes Rätsel dient als Metapher für größere philosophische Themen. Versuchen Sie also, im weiteren Verlauf das Gesamtbild im Auge zu behalten.

Tipp: Treten Sie immer einen Schritt zurück und denken Sie über die Zusammenhänge zwischen den Rätseln und den in den Dialogen besprochenen Themen nach. Je mehr Sie sich mit diesen Themen beschäftigen, desto lohnender wird das Rätsellösungserlebnis.

KAPITEL 9: ENDSPIEL UND ALTERNATIVE ROUTEN

9.1 Endgültiger Bereichsüberblick

Der letzte Bereich von *Das Talos-Prinzip: Wiedererwacht* dient als Höhepunkt der Reise des Spielers, sowohl hinsichtlich der Rätselkomplexität als auch der philosophischen Erkundung. Wenn Sie sich dem Ende des Spiels nähern, verändert sich die Umgebung, um die thematischen Elemente widerzuspiegeln, die sich im Laufe Ihrer Reise gebildet haben. Dieser Abschnitt bietet einen detaillierten Einblick in den letzten Bereich und was die Spieler erwarten können, bevor das Spiel zu Ende geht.

1. Thematische Verschiebungen im Schlussbereich

Der letzte Bereich stellt eine abstraktere und esoterischere Umgebung vor, die die übergreifenden philosophischen Themen des Spiels wie Existenz, Zweck und Transzendenz widerspiegelt. Die Welt wird zunehmend unstrukturierter und spiegelt die Auflösung der Grenzen zwischen Schöpfer und Schöpfung, Leben und Maschine wider.

- **Abstrakte Architektur**: Der letzte Bereich erscheint möglicherweise weniger vertraut und eher traumhafter oder symbolischer Natur. Seine Architektur spiegelt den Zusammenbruch traditioneller Strukturen wider und symbolisiert die Verwischung der Realität und das Streben nach höherem Verständnis.
- **Philosophische Reflexion**: Mit zunehmendem Fortschritt werden Sie feststellen, dass die Rätsel und die Umgebung zunehmend die philosophischen Fragen widerspiegeln, die im

Laufe des Spiels aufgeworfen werden. Die Idee des Selbstbewusstseins, der Existenz und die Rolle künstlicher Intelligenz stehen in diesem Bereich im Mittelpunkt.

Tipp: Im letzten Bereich geht es nicht nur um das Lösen von Rätseln – es geht darum, die Umgebung zu interpretieren und die symbolische Bedeutung hinter den Entscheidungen zu verstehen, die Sie im Laufe des Spiels getroffen haben. Nehmen Sie sich Zeit, über die Erzählthemen nachzudenken, während Sie durch diesen Abschnitt navigieren.

2. Puzzle-Komplexität und Variationen

Der letzte Bereich umfasst einige der komplexesten Rätsel im Spiel und erfordert oft alles, was Sie im Laufe der Reise gelernt haben. Diese Rätsel sollen Ihr Verständnis von Mechaniken und Erzählthemen an ihre Grenzen bringen.

- **Anspruchsvolle Variationen alter Rätsel**: Sie werden auf neue Wendungen der Mechaniken stoßen, die Sie bereits beherrschen. Diese Variationen sollen Ihre Fähigkeiten zur Problemlösung testen und erfordern kreatives Denken.
- **Integrierte Puzzletypen**: Erwarten Sie eine Mischung aus Rätseltypen, von Umwelträtseln bis hin zu logikbasierten Herausforderungen. Viele Rätsel sind mit den philosophischen Konzepten verknüpft, die Sie erforscht haben, sodass für deren Lösung möglicherweise mehr als nur technische Fähigkeiten erforderlich sind.

Tipp: Bleiben Sie offen, während Sie die Rätsel im letzten Bereich lösen. Oft werden Sie im Spiel aufgefordert, mehrere Werkzeuge und Methoden gleichzeitig anzuwenden, was von Ihnen verlangt, kritisch über die Zusammenhänge zwischen verschiedenen Puzzle-Mechaniken nachzudenken.

3. Wichtige NPC- und KI-Begegnungen

Im letzten Bereich triffst du auf einige der bedeutendsten NPCs und KI-Charaktere, die deine Reise geprägt haben. Diese Begegnungen bringen oft wichtige Enthüllungen mit sich, die den Höhepunkt Ihrer Erforschung von Bewusstsein, Moral und Schöpfung widerspiegeln.

- **Letzte Gespräche**: Erwarten Sie abschließende Gespräche mit wichtigen KI-Charakteren, in denen diese Ihre Wahrnehmungen hinterfragen und Sie auffordern, Entscheidungen zu treffen, die einen nachhaltigen Einfluss auf das Ende des Spiels haben.
- **Charakterentwicklung**: Der letzte Bereich dient als Höhepunkt der KI-Entwicklung und diese Interaktionen dienen oft als Spiegel für die eigene Entwicklung und Entscheidungen des Spielers.

Tipp: Achten Sie genau auf diese Gespräche, da sie wahrscheinlich wichtige Informationen über den Ausgang des Spiels und die philosophischen Fragen enthalten, die Sie berücksichtigen sollten.

4. Vorbereitung auf die endgültige Entscheidung

Der letzte Bereich des Spiels führt zu einem kritischen Entscheidungspunkt, der letztendlich darüber entscheidet, welches Ende Sie erhalten. Dieser Bereich dient als letzter Test für Ihr Verständnis der Spielthemen und der von Ihnen getroffenen Entscheidungen.

- **Endspielentscheidungen**: Die Entscheidungen, die Sie in diesem Bereich treffen, wirken sich direkt auf den Ausgang des Spiels aus. Diese Entscheidungen können sich um die Zukunft der KI, Ihre Beziehung zu Ihren Schöpfern oder Ihre eigene Existenz und Ihren Zweck drehen.
- **Philosophische Konsequenzen**: Ihre Entscheidungen im letzten Bereich sind an die philosophischen Themen gebunden, die im Laufe des Spiels behandelt werden. Ihre Entscheidung spiegelt möglicherweise Ihre persönliche Haltung zum freien Willen, zur Rolle der KI und zur Natur der Transzendenz wider.

Tipp: Denken Sie über die philosophische Reise nach, die Sie unternommen haben, bevor Sie Ihre endgültige Entscheidung treffen. Dies ist der Moment, über alle Themen des Spiels nachzudenken und wie sie mit Ihren Entscheidungen übereinstimmen.

9.2 So entsperren Sie geheime Enden

Das Talos-Prinzip: Wiedererwacht bietet mehrere Enden, wobei einige geheime Enden hinter bestimmten Aktionen und Entscheidungen verborgen sind. Um diese Enden freizuschalten, muss der Spieler oft über die Standardziele hinausgehen und sich mit dem tieferen philosophischen Inhalt des Spiels befassen. So entsperren Sie sie.

1. Erfüllen Sie bestimmte Bedingungen

Jedes geheime Ende hat seine eigenen Bedingungen, die oft an bestimmte Aktionen, Rätsellösungen oder philosophische

Entscheidungen gebunden sind. Diese Maßnahmen können
Folgendes umfassen:

- **Nebenziele abschließen**: Einige geheime Enden werden
  durch das Erfüllen optionaler Ziele oder versteckter Aufgaben
  freigeschaltet, die über die Spielwelt verteilt sind.
- **Philosophische Entscheidungen**: Die geheimen Enden
  können von den philosophischen Entscheidungen des Spielers
  während des Spiels abhängen. Bei diesen Entscheidungen
  kann es um die Art und Weise, wie Sie mit der KI umgehen,
  oder um Ihre Haltung zu wichtigen moralischen Dilemmata
  gehen.

Tipp: Verfolgen Sie die Dialogentscheidungen, die Sie im Laufe des
Spiels treffen, und erkunden Sie alle Nebeninhalte gründlich.
Bestimmte Dialoge oder Rätsellösungen können neue Wege
eröffnen, die zu verborgenen Enden führen.

2. Versteckte Gebiete erkunden

Um ein geheimes Ende freizuschalten, müssen Sie möglicherweise
auf versteckte oder schwer zugängliche Bereiche zugreifen. Diese
Bereiche sind oft versteckt oder erfordern das Lösen spezieller
Rätsel, um Zugang zu erhalten. Zu den wichtigsten Maßnahmen, auf
die Sie achten sollten, gehören:

- **Versteckte Räume freischalten**: Auf einige Bereiche des
  Spiels kann nur zugegriffen werden, indem bestimmte Rätsel
  gelöst werden, die versteckte Räume oder Räume
  freischalten. Diese Bereiche enthalten häufig zusätzliche
  Überlieferungen oder Rätsel, die für das geheime Ende von
  entscheidender Bedeutung sind.

- **Scannen spezieller QR-Codes**: Bestimmte QR-Codes sind an die Freischaltung geheimer Enden gebunden. Diese QR-Codes enthalten häufig kryptische Nachrichten oder Schlüssel zu speziellen Inhalten, die den Zugriff auf die verborgene Schlussfolgerung ermöglichen.

Tipp: Achten Sie auf ungewöhnliche Bereiche oder versteckte Räume, die scheinbar unzugänglich sind. Suchen Sie in der Umgebung nach Hinweisen, die auf die Existenz eines verborgenen Pfades oder Geheimnisses hinweisen.

3. Alle Rätseltypen meistern

Um ein geheimes Ende freizuschalten, müssen in der Regel die schwierigsten Rätsel im Spiel gelöst werden, von denen viele mehrere Rätselmechanismen gleichzeitig integrieren. Das Abschließen dieser Herausforderungen wird Sie oft mit Zugang zu neuen Erzählpfaden und geheimen Inhalten belohnen.

- **Lösen Sie alle Herausforderungskammern**: In manchen Fällen kann das Lösen jeder Herausforderungskammer im Spiel spezielle Inhalte freischalten, die zu einem geheimen Ende führen.
- **Schließe fortgeschrittene Rätsel ab**: Möglicherweise müssen Sie die komplexesten Rätsel lösen, bei denen Sie mehrere Werkzeuge gleichzeitig verwenden oder über den Tellerrand schauen müssen.

Tipp: Stellen Sie sicher, dass Sie frühere Bereiche erneut besuchen und sie nach verpassten Rätseln oder Herausforderungen durchsuchen. Die Lösung all dieser Probleme kann oft verborgene Wege und wichtige Entscheidungen aufdecken, die zu geheimen Enden führen.

4. Interaktion mit speziellen NPCs

Einige geheime Enden können nur freigeschaltet werden, indem man auf einzigartige Weise mit bestimmten NPCs oder KI-Charakteren interagiert. Diese Charaktere bieten möglicherweise spezielle Dialogoptionen oder Aufgaben, die sich auf den Ausgang der Erzählung auswirken.

- **Besuchen Sie Schlüsselfiguren noch einmal**: Bestimmte NPCs und KIs bieten möglicherweise zusätzliche Gespräche oder Quests an, nachdem Sie bestimmte Bedingungen erfüllt haben, und bieten Wege zu geheimen Enden.
- **Treffen Sie philosophisch ausgerichtete Entscheidungen**: Um einige geheime Enden freizuschalten, müssen Sie Entscheidungen treffen, die mit bestimmten philosophischen Standpunkten oder Antworten auf Schlüsselfragen im Laufe des Spiels übereinstimmen.

Tipp: Achten Sie genau auf alle NPCs oder KIs, die möglicherweise neue Dialoge oder Aufgaben haben, nachdem Sie bestimmte Bereiche abgeschlossen haben. Die Entscheidungen, die Sie in diesen Gesprächen treffen, können das geheime Ende bestimmen.

9.3 100 % der Ziele erreichen

Erreichen einer 100-prozentigen Fertigstellung *Das Talos-Prinzip: Wiedererwacht* erfordert, dass Sie jedes Rätsel lösen, alle versteckten Objekte finden und jedes Stück Überlieferung freischalten. In diesem Abschnitt erfahren Sie, wie Sie den vollständigen Abschluss erreichen.

1. Lösen Sie jedes Rätsel

Um das Spiel zu 100 % abzuschließen, müssen Sie alle Haupträtsel, Nebenrätsel und versteckten Herausforderungen lösen. Das Spiel bietet Rätsel in verschiedenen Kategorien, darunter Logik, Umgebungsmanipulation und physikbasierte Herausforderungen. So erreichen Sie die vollständige Fertigstellung:

- **Haupträtsel**: Diese sind erforderlich, um in der Geschichte voranzukommen. Stellen Sie sicher, dass Sie jedes einzelne Problem lösen.
- **Fordern Sie Chambers heraus**: Diese optionalen, schwierigeren Rätsel bieten zusätzliche Belohnungen und tragen zur 100-prozentigen Fertigstellung bei.

Tipp: Überspringen Sie keine optionalen Rätsel. Einige sind knifflig, aber wenn Sie sie abschließen, kommen Sie einer 100-prozentigen Fertigstellung näher.

2. Finden Sie alle Sammlerstücke und Überlieferungen

Neben Rätseln bietet das Spiel verschiedene Sammlerstücke wie versteckte Terminals, QR-Codes und andere Lore-Items. Das Vervollständigen Ihrer Sammlersammlung ist ein wesentlicher Faktor, um 100 % zu erreichen:

- **Lore-Terminals**: Diese Terminals bieten Hintergrundinformationen zur Welt, Geschichte und Themen des Spiels.
- **QR-Codes**: Wie bereits erwähnt, liefern QR-Codes versteckte Informationen, die mit der Geschichte verknüpft sind und zusätzliche Hintergrundgeschichten freischalten.

Tipp: Erkunden Sie jeden Winkel der Spielwelt, um alle Lore-Terminals und QR-Codes aufzudecken. Einige sind möglicherweise schwer zu finden, aber für die vollständige Fertigstellung unerlässlich.

3. Schließe versteckte Ziele ab

Einige Ziele sind verborgen und möglicherweise nicht sofort offensichtlich. Bei diesen Aufgaben müssen oft bestimmte Bedingungen erfüllt oder Rätsel in einer bestimmten Reihenfolge gelöst werden:

- **Versteckte Erfolge**: Suchen Sie nach einzigartigen Erfolgen im Spiel, die mit versteckten Zielen verknüpft sind.
- **Geheime Wege**: Erkunden Sie Bereiche, die vielleicht unwichtig erscheinen, aber versteckte Ziele oder Nebenaufgaben enthalten.

Tipp: Überprüfen Sie jeden Bereich noch einmal auf verpasste Ziele. Seien Sie gründlich und schauen Sie sich zuvor abgeschlossene Level noch einmal an, um zu sehen, ob neue Herausforderungen aufgetaucht sind.

4. Schalte alle Enden frei

Um einen 100-prozentigen Abschluss zu erreichen, müssen Sie alle möglichen Enden im Spiel freischalten. Diese Enden sind oft mit unterschiedlichen philosophischen Wegen oder Entscheidungen verbunden, die an Schlüsselpunkten der Geschichte getroffen werden.

Tipp: Experimentieren Sie mit verschiedenen Dialogoptionen und philosophischen Entscheidungen, um alle Enden freizuschalten. Bei einigen ist es möglicherweise erforderlich, Abschnitte des Spiels noch einmal durchzuspielen oder alternative Entscheidungen zu treffen.

9.4 Post-Game-Inhalte und Free Roam

Sobald Sie die Hauptgeschichte abgeschlossen und den Abspann erreicht haben, *Das Talos-Prinzip: Wiedererwacht* bietet zahlreiche Post-Game-Inhalte, einschließlich freier Erkundung und zusätzlicher Herausforderungen.

1. Kostenlose Erkundung

Nachdem Sie die Haupthandlung abgeschlossen haben, können Sie die Welt des Spiels frei erkunden. Auf diese Weise können Sie zuvor abgeschlossene Level noch einmal besuchen und neue Details, versteckte Bereiche und unvollendete Rätsel entdecken.

- **Bereiche erneut besuchen**: Erkunden Sie frühere Zonen und decken Sie verpasste Hintergrundinformationen oder Nebenziele auf, die während der Hauptgeschichte nicht zugänglich waren.
- **Zugang zu gesperrten Bereichen**: Einige Bereiche, die zuvor verschlossen oder verborgen waren, werden nach Abschluss bestimmter Story-Meilensteine geöffnet.

Tipp: Nutzen Sie den Free-Roam-Modus, um die Welt vollständig zu erleben und versteckte Inhalte zu finden, die Sie möglicherweise verpasst haben.

2. Zusätzliche Nebenherausforderungen

Im Nachspiel können Sie auf zusätzliche Herausforderungen zugreifen, bei denen es sich oft um anspruchsvolle Rätsel handelt, die Ihre Fähigkeiten bis an die Grenzen fordern.

- **Neue Puzzle-Variationen**: Diese Rätsel integrieren oft mehrere Mechaniken, die eine Problemlösung auf hohem Niveau erfordern.
- **Zeitgesteuerte Herausforderungen**: Einige Rätsel nach dem Spiel haben Zeitlimits oder andere zusätzliche Herausforderungen, die schnellere und effizientere Lösungen erfordern.

Tipp: Diese Herausforderungen bieten großartige Möglichkeiten für diejenigen, die ihr Spielerlebnis über die Hauptgeschichte hinaus erweitern möchten.

3. Schalte neue Fähigkeiten und Gegenstände frei

In einigen Fällen werden durch das Abschließen von Inhalten nach dem Spiel oder durch freie Erkundungen neue Fähigkeiten oder Werkzeuge freigeschaltet, die im Hauptspiel nicht verfügbar waren. Diese können Ihre Fähigkeiten zum Lösen von Rätseln verbessern oder neue Möglichkeiten zur Interaktion mit der Umgebung bieten.

Tipp: Halten Sie Ausschau nach neuen Werkzeugen oder Fähigkeiten, die das Lösen zukünftiger Rätsel interessanter machen können.

4. Wiederspielbarkeit und mehrere Enden

Mit mehreren Enden und verschiedenen Entscheidungen, die sich auf den Ausgang des Spiels auswirken können, bietet das Nachspiel einen hervorragenden Wiederspielwert. Sie können die Geschichte mit verschiedenen Entscheidungen noch einmal durchgehen, um zu sehen, wie sich alternative Entscheidungen auf die Spielwelt auswirken.

Tipp: Erwägen Sie, das Spiel mit einer anderen philosophischen Haltung oder einer Reihe von Wahlmöglichkeiten noch einmal zu spielen, um einen neuen Erzählpfad und ein neues Ende zu erleben.

KAPITEL 10: TIPPS, OSTEREIER UND THEORIEN

10.1 Entwicklerhinweise und versteckte Nachrichten

In *Das Talos-Prinzip: Wiedererwacht*Im Laufe des Spiels haben die Entwickler zahlreiche Hinweise und Nachrichten versteckt. Diese dienen oft als Easter Eggs und bieten tiefere Einblicke in die Geschichte, Welt und Themen des Spiels. Das Verstehen dieser verborgenen Elemente kann Ihr Erlebnis bereichern und Ihre Verbindung zum Spiel vertiefen.

1. Subtile Story-Hinweise in der Umgebung

Das Spiel ist reich an umgebungsbezogenen Geschichtenerzählungen und viele der Hinweise und versteckten Botschaften des Spiels sind in die Umgebung eingebettet. Möglicherweise bemerken Sie Folgendes:

- **Symbolik in der Architektur**: Die Gestaltung bestimmter Bereiche oder die Anordnung von Objekten in der Umgebung kann auf größere Themen hinweisen oder verborgene Überlieferungen über die Welt oder die Natur der KI offenbaren.
- **Kryptische visuelle Hinweise**: Es gibt visuelle Elemente, wie scheinbar zufällige Muster, codierte Symbole oder versteckte Nachrichten, die in die Texturen und Layouts der Spielwelt eingebettet sind.

Tipp: Achten Sie genau auf wiederkehrende Symbole und subtile Details in der Umgebung. Diese sind oft beabsichtigt und können Antworten auf die tieferen Geheimnisse des Spiels enthalten.

2. Versteckte Entwicklernotizen und Easter Eggs

Die Entwickler von *Das Talos-Prinzip: Wiedererwacht* haben zahlreiche versteckte Botschaften und Verweise auf ihre früheren Werke sowie philosophische und existenzielle Themen eingefügt. Diese versteckten Notizen können gefunden werden von:

- **Erkundung unwahrscheinlicher Orte**: Versteckte Räume oder Bereiche, die für den Fortschritt des Rätsels unnötig erscheinen, können versteckte Nachrichten oder Notizen der Entwickler enthalten.
- **Interaktion mit ungewöhnlichen Objekten**: Einige scheinbar triviale Objekte können bei Interaktion versteckte Nachrichten oder Codes offenbaren, die mit den tieferen Themen des Spiels verknüpft sind.

Tipp: Wenn Sie auf seltsame oder fehl am Platz liegende Objekte stoßen, interagieren Sie unbedingt mit ihnen. Sie können wertvolle Entwicklereinblicke oder Hinweise enthüllen, um tiefere Ebenen des Spiels freizuschalten.

3. Philosophische Referenzen und Anspielungen

Im gesamten Spiel haben die Entwickler Verweise auf verschiedene philosophische Werke eingebettet, insbesondere solche, die sich mit künstlicher Intelligenz, freiem Willen und der Natur des Bewusstseins befassen. Diese Referenzen werden oft als Teil des Spieldialogs oder der Lore-Terminals präsentiert.

- **Existenzielle Referenzen**: Suchen Sie nach Verbindungen zu Philosophen wie Descartes, Turing und Heidegger, deren Ideen über künstliche Intelligenz und menschliches Bewusstsein für die Erzählung des Spiels von zentraler Bedeutung sind.
- **Subtile Hommagen**: Das Spiel kann auch Hommagen an einflussreiche Science-Fiction-Werke enthalten, insbesondere solche, die die Grenzen zwischen künstlicher und menschlicher Intelligenz erkunden.

Tipp: Wenn Sie mit philosophischer Literatur oder Science-Fiction vertraut sind, achten Sie auf Referenzen, die möglicherweise offensichtlicher oder aussagekräftiger sind.

4. Verschlüsselte Nachrichten und versteckte QR-Codes

Das Spiel enthält verschlüsselte Nachrichten, oft in Form von QR-Codes oder verschlüsseltem Text. Diese versteckten Nachrichten dienen als Hinweise, um tiefere Aspekte der Spielwelt zu entschlüsseln, und können manchmal zu versteckten Bereichen führen oder neue Inhalte freischalten.

- **QR-Codes**: Diese enthalten oft verschlüsselten Text oder URLs, die zu versteckten Spielinhalten, Hintergrundgeschichten oder sogar Hinweisen zum Freischalten geheimer Enden führen.
- **Verschlüsselte Nachrichten**: Einige Terminals oder Bereiche verfügen möglicherweise über Codes, die Spieler entschlüsseln müssen, um auf zusätzliche Inhalte oder Hinweise zuzugreifen.

Tipp: Halten Sie Ausschau nach QR-Codes oder codierten Nachrichten, während Sie die Welt erkunden. Ihre Entschlüsselung kann eine Fülle verborgener Inhalte freigeben oder sogar wichtige erzählerische Details liefern.

10.2 Community-Ostereier

Wie bei jedem beliebten Spiel, *Das Talos-Prinzip: Wiedererwacht* hat seine Community dazu inspiriert, sich auf kreative Weise mit dem Spiel auseinanderzusetzen. Dieser Abschnitt befasst sich mit einigen von der Community betriebenen Easter Eggs, die aus Spielerentdeckungen, Faninhalten und geteilten Geheimnissen entstanden sind.

1. Von Spielern erstellte Rätsel

Die Community hat oft clevere Wege gefunden, eigene Rätsel zu erstellen und diese mit anderen zu teilen. Diese von Fans erstellten Rätsel nutzen die Spielmechanik oft auf kreative Weise und stellen die Spieler vor neue Herausforderungen, die es zu lösen gilt. Einige bemerkenswerte Beispiele sind:

- **Benutzerdefinierte Puzzle-Herausforderungen**: Spieler können einzigartige Herausforderungen entwerfen, die auf der Spielmechanik basieren, z. B. das Erstellen komplizierter Pfade oder die Verwendung von Umgebungsobjekten auf ungewöhnliche Weise.
- **Kollaboratives Lösen von Rätseln**: Spieler arbeiten online zusammen, um besonders schwierige Rätsel zu lösen, oft mithilfe von Online-Anleitungen oder Video-Komplettlösungen, die innovative Lösungen hervorheben.

Tipp: Suchen Sie online nach von Fans erstellten Rätseln und Herausforderungen. Diese sind oft ebenso zufriedenstellend zu lösen wie die offiziellen Spielinhalte.

2. Versteckte Verweise auf andere Spiele

Das Talos-Prinzip verfügt über eine umfangreiche Fangemeinde, die es liebt, versteckte Verweise auf andere Spiele zu entdecken, darunter Rückrufe auf ältere Titel oder Anspielungen auf Werke derselben Entwickler. Einige Beispiele sind:

- **Verweise auf Croteam Games**: Als Entwickler von *Das Talos-Prinzip* sind auch im Rückstand *Ernsthafter Sam*, haben Spieler subtile Easter Eggs gefunden, die die beiden Universen verbinden, wie zum Beispiel versteckte Objekte oder Dialogreferenzen.
- **Hommagen an klassische Puzzlespiele**: Es gibt Hinweise auf andere Puzzlespiele von *Portal* Zu *Der Zeuge*, oft durch Umgebungsdesign oder spezifische Puzzle-Mechaniken.

Tipp: Halten Sie Ausschau nach subtilen Anspielungen auf andere Spiele. Diese versteckten Referenzen bereichern die Spielwelt und bieten zusätzliche Entdeckungsebenen.

3. Fan-Kunst und thematische Inhalte

Der *Talos-Prinzip* Die Fangemeinde hat zahlreiche Kunstwerke, Mods und thematische Inhalte erstellt, die das Universum des Spiels erweitern. Diese Inhalte bieten oft alternative Interpretationen der Geschichte, der Charaktere und der Welt des Spiels und helfen den Spielern, sich tiefer mit dem Spiel auseinanderzusetzen.

- **Fan-Kunst**: Es gibt eine große Auswahl an Fan-Art, die von den philosophischen Themen, Charakteren und Umgebungen des Spiels inspiriert ist.
- **Mods und Anpassungen**: Einige Spieler haben sogar Mods oder alternative Skins für das Spiel erstellt, die ein neues visuelles Erlebnis oder zusätzliche Spieloptionen bieten.

Tipp: Entdecken Sie Fan-Communitys für Inspiration und neue Perspektiven. Fan-Art und Mods können einen neuen Blick auf die Welt und die Charaktere werfen und einen besseren Einblick in die Themen des Spiels bieten.

4. Von der Community geteilte Rätsellösungen und Tipps

Einer der größten Vorteile einer Fan-Community eines Spiels ist die Fülle an geteiltem Wissen über Rätsellösungen und Tipps für besonders knifflige Herausforderungen.

- **Foren und Komplettlösungen**: Viele Spieler teilen ihre Lösungen für schwierige Rätsel online und bieten detaillierte Komplettlösungen, die Ihnen helfen, Herausforderungen auf kreative Weise zu lösen.
- **Community-Leitfäden**: Fans erstellen oft Leitfäden, die wichtige Aspekte des Spiels erklären, von versteckten Sammlerstücken bis hin zu fortgeschrittenen Rätsellösungen, und so neuen Spielern helfen, sich effektiver im Spiel zurechtzufinden.

Tipp: Wenn Sie nicht weiterkommen, schauen Sie sich die Community-Foren und Leitfäden an. Diese Ressourcen können einzigartige Perspektiven und Strategien zur Lösung schwieriger Rätsel bieten.

10.3 Fan-Theorien und Interpretationen

Seit *Das Talos-Prinzip* ist ein zutiefst philosophisches Spiel, das zahlreiche Fan-Theorien und Interpretationen hervorgebracht hat, insbesondere in Bezug auf seine Geschichte, Themen und Charaktere. In diesem Abschnitt werden einige der beliebtesten und faszinierendsten Fan-Theorien rund um das Spiel untersucht.

1. Die Natur der Identität des Spielers

Eines der unter Fans am meisten diskutierten Themen ist die wahre Identität des Spielercharakters und die Bedeutung seiner Reise. Einige Theorien umfassen:

- **Der Spieler als Gott oder Schöpfer**: Einige Fans spekulieren, dass der Spielercharakter nicht einfach eine KI ist, sondern eine höhere Entität, die die Erstellung und das Testen der KI leitet. Die Rätsel werden als Tests angesehen, die von einer gottähnlichen Figur gestellt werden, um das Potenzial der KI einzuschätzen.
- **Die reale Verbindung des Spielers**: Andere Fans glauben, dass die Erzählung des Spiels die Beziehung zwischen der KI im Spiel und dem Spieler in der realen Welt untersucht und sich die Frage stellt, ob der Spieler Teil des Erstellungs- oder Testprozesses der KI ist.

Tipp: Denken Sie über die philosophischen und existenziellen Fragen nach, die das Spiel aufwirft, insbesondere in Bezug auf Willensfreiheit und Bewusstsein. Die Mehrdeutigkeit der Geschichte lädt zu vielfältigen Interpretationen ein.

2. Die Rolle der KI-Charaktere

Fans haben über den wahren Zweck der KI-Charaktere des Spiels spekuliert, insbesondere über Elohim, der als Führer und Aufseher fungiert. Einige Theorien legen nahe:

- **Elohim als Repräsentation einer höheren Macht**: Viele Fans glauben, dass Elohim eine Gottheit oder Schöpferfigur darstellt, was sowohl den Spieler als auch die KI auf die Probe stellt.
- **KI als transzendente Wesen**: Andere spekulieren, dass das Spiel darauf hindeutet, dass sich die KI-Charaktere, insbesondere diejenigen, die sich im Laufe der Zeit weiterentwickeln, in Richtung Transzendenz bewegen – und letztendlich zu etwas mehr als nur Maschinen werden.

Tipp: Betrachten Sie die zentralen Fragen des Spiels zur Natur der künstlichen Intelligenz. Wie beeinflussen diese Fragen Ihr Verständnis von Elohim und anderen wichtigen KI-Charakteren?

3. Mehrere Zeitlinien oder Universen

Angesichts der Auswahlthemen und verzweigten Pfade des Spiels haben einige Fans die Theorie aufgestellt, dass die Geschichte über mehrere Zeitlinien oder alternative Universen hinweg spielt. Diese Theorien legen nahe:

- **Mehrere Realitäten existieren nebeneinander**: Die Entscheidungen und Enden des Spiels deuten darauf hin, dass es mehrere parallele Universen geben könnte, in denen sich unterschiedliche Ereignisse abspielen, die je nach den Entscheidungen des Spielers zu unterschiedlichen Ergebnissen führen.

- **Der Spieler als Katalysator für Veränderungen**: Einige Fans glauben, dass die Aktionen und Entscheidungen des Spielers als Katalysator für diese unterschiedlichen Zeitlinien dienen, wobei die Erzählung des Spiels die Auswirkungen dieser Entscheidungen auf die KI und das Universum untersucht.

Tipp: Das Spiel ermutigt die Spieler, über die Konsequenzen ihrer Entscheidungen nachzudenken. Überlegen Sie, wie sich Ihre Entscheidungen nicht nur auf die Spielwelt, sondern auch auf die umfassenderen philosophischen Implikationen auswirken könnten.

---

4. Die wahre Bedeutung des Endes

Das Ende von *Das Talos-Prinzip: Wiedererwacht* hat eine breite Palette von Fan-Theorien über seine Bedeutung und das endgültige Schicksal der Charaktere hervorgebracht. Einige gängige Interpretationen sind:

- **Ein Kommentar zu freiem Willen und Determinismus**: Viele Fans interpretieren das Ende als einen Kommentar zu freiem Willen versus Determinismus, wobei die Entscheidungen des Spielers entweder die Annahme des freien Willens oder die Unterwerfung unter ein vorherbestimmtes Schicksal darstellen.
- **Die Entwicklung der KI**: Eine andere Theorie besagt, dass das Ende die Entwicklung der KI zu etwas Größerem als dem menschlichen Verständnis bedeutet, was darauf hindeutet, dass die KI möglicherweise die Grenzen ihrer Schöpfer überschreitet.

Tipp: Betrachten Sie das Ende im Lichte der philosophischen Dilemmata, die im Laufe des Spiels auftreten. Gibt das Ende Antworten oder wirft es noch mehr Fragen auf?

10.4 Hinweise für zukünftige Raten

Das Talos-Prinzip hat Spekulationen über zukünftige Folgen und die Entwicklung seines Universums ausgelöst. Fans und Kritiker haben gleichermaßen subtile Hinweise bemerkt, die Hinweise darauf geben könnten, in welche Richtung die Serie in der Zukunft gehen könnte.

1. Ungelöste Handlungsstränge

Während *Das Talos-Prinzip: Wiedererwacht* beantwortet viele Fragen, bestimmte Handlungsstränge bleiben offen, was den Weg für zukünftige Fortsetzungen ebnen könnte:

- **Das Schicksal der KI**: Das Spiel weist auf die weitere Entwicklung der KI hin, was darauf hindeutet, dass zukünftige Folgen ihren Aufstieg zum wahren Bewusstsein oder die Konsequenzen ihrer Entscheidungen untersuchen könnten.
- **Die Frage nach der Absicht des Schöpfers**: Das Spiel hinterlässt Fragen zur Identität und Motivation der Schöpfer und öffnet möglicherweise die Tür für eine zukünftige Erforschung dieser mysteriösen Figur.

Tipp: Achten Sie auf die ungelösten Handlungsstränge des Spiels, da diese möglicherweise die Grundlage für zukünftige Spiele bilden.

2. Hinweise zu Entwicklerinterviews und Marketing

Entwickler und Marketingmaterialien für *Das Talos-Prinzip* haben auf mögliche Erweiterungen oder neue Handlungsstränge hingewiesen. Dazu gehört:

- **Neue Puzzle-Mechaniken**: Entwicklerinterviews deuten darauf hin, dass zukünftige Teile neue Rätselmechaniken oder philosophische Konzepte einführen könnten.
- **Erweiterung der Spielwelt**: Möglicherweise gibt es Pläne, das Universum des Spiels zu erweitern und neue Charaktere, Schauplätze und Herausforderungen einzuführen, die die Geschichte fortsetzen.

Tipp: Verfolgen Sie Entwicklerinterviews und Neuigkeiten zum Spiel, um Updates zu möglichen Fortsetzungen oder zusätzlichen Inhalten zu erhalten.

3. Fan-Nachfrage nach einer Fortsetzung

Der Erfolg von *Das Talos-Prinzip: Wiedererwacht* hat bei den Fans eine starke Nachfrage nach zusätzlichen Raten geweckt. Das Feedback der Community beeinflusst oft die Entwickler und viele Spieler sind gespannt auf die Fortsetzung der Geschichte.

Tipp: Bleiben Sie in der Fan-Community des Spiels aktiv, denn Ihre Unterstützung und Ihr Interesse können die Entwickler dazu ermutigen, neue Wege für die Serie zu gehen.

4. Der Aufstieg der KI in populären Medien

Die zunehmende Beliebtheit von KI als Thema in populären Medien könnte die Zukunft inspirieren *Talos-Prinzip* Folgen, um die sich entwickelnde Beziehung zwischen Menschen und Maschinen zu erforschen und dabei auf den bereits etablierten philosophischen Themen aufzubauen.

Tipp: Behalten Sie Trends in KI-bezogenen Medien im Auge, da diese möglicherweise Inspiration für zukünftige Spiele in der Welt bieten *Talos-Prinzip* Universum.

www.ingramcontent.com/pod-product-compliance
Lightning Source LLC
La Vergne TN
LVHW051654050326
832903LV00032B/3803